Claudia Maria Melisch ⁘ Ines Garlisch ⁘ Jörg Feuchter

DIE ERSTEN BERLINER

LEBEN AN DER SPREE ZWISCHEN 1150 UND 1300

BeBra Verlag

Inhalt

Heidelberger *Sachsenspiegel*: Die männlichen Wenden sind mit rot-weißen Beinwickeln gekennzeichnet. Sie durften in ihrer Sprache vor Gericht kommunizieren, es wurde übersetzt. Eine vereinheitlichte Sprache gab es noch nicht. Es wurde z. B. Friesisch, Sächsisch, Rheinisch, Fränkisch, Alemannisch oder Bayrisch gesprochen.

Einleitung

Kann ein Buch über die Berliner Geschichte im Mittelalter heute noch neue Aspekte hervorbringen? Wir meinen: Ja! Denn zum einen ist die mittelalterliche Stadtgeschichte Berlins und Cöllns, der zweiten mittelalterlichen Stadt, für die meisten Berliner, Berlin-Freunde oder Touristen ein weitgehend blinder Fleck. Zum anderen ist sie so gründlich vergessen, dass sie heutzutage wieder neu entdeckt werden kann. Überdies hat die Forschung in den letzten Jahren völlig neue Erkenntnisse gewonnen, die auch die Kenner der frühen Stadtgeschichte überrascht haben.

Bezüglich der Bedeutung der Auseinandersetzung mit ferner Vergangenheit, wie sie Archäologen und Mittelalterhistoriker betreiben, hat der Geschichtswissenschaftler Ernst Schubert in seinem Buch *Alltag im Mittelalter* etwas sehr Passendes formuliert: »Die Geschichte war nie dazu nutze, Rezepte für die Gegenwart zu liefern, ihre Aufgabe liegt in der Präzisierung der zentralen gegenwärtigen Fragen, indem sie diesen Fragen nicht nur in ihrem Werden, sondern auch in ihren gesamtgesellschaftlichen Zusammenhängen nachgeht. Das kann nie zu einer direkten Ableitung der Gegenwart aus der Vergangenheit führen, sondern zu einer Art Dialog mit den nunmehr toten Menschen, die in ihrer Gegenwart ebenfalls Antworten auf die gleichen Grundsatzfragen finden mußten.«

Um genau solch ein Gespräch mit den Toten soll es hier gehen. Wir wollen die ersten Berlinerinnen und Berliner, die ersten Cöllnerinnen und Cöllner zum Leben erwecken und leise zum Sprechen bringen. Wie lebten sie, wie bewältigten sie ihren Alltag, wie organisierten sie ihre Städte?

Doch wie soll man diesen Dialog beginnen? Das Mittelalter ist schließlich schon sehr lange her und bereits wenige Jahrhunderte nach der Entstehung der Siedlungen Berlin und Cölln konnte man nicht mehr genau rekonstruieren, was damals wann und warum passierte, weil entsprechende Quellen fehlten. Während des Dreißigjährigen Krieges (1618–1648) wurde die Region Berlin-Brandenburg zudem wirtschaftlich schwer getroffen und landschaftlich großflächig verheert. Anschließend beurkundete man die Privilegien, also die aus dem Mittelalter stammenden Rechte, neu, weil in der langen Kriegszeit viele Schriftzeugnisse verloren, gestohlen oder vernichtet worden waren. Dadurch hatten die mittelalterlichen Dokumente aus damaliger Sicht ihren Wert eingebüßt. Sie wurden fortan nicht mehr so sorgfältig behandelt und aufbewahrt, wie wir uns das heute wünschen würden.

Das Mittelalter war in Bezug auf schriftliche Dokumente ohnehin eine deutlich andere Epoche als die nachfolgenden Jahrhunderte, weil es damals noch viel weniger Schriftstücke gab. Das heißt aber nicht, dass es in der Frühzeit unserer Stadt weniger Regelungsbedarf gegeben hätte. Diese Regelungen wurden meistens per Handschlag und unter Anwesenheit von Zeugen abgemacht und nicht verschriftlicht. Wir leben heute in einer Zeit der digitalen Kommunikation, in der Papierdokumente im Alltag auch immer mehr an Bedeutung verlieren. Sogar viele Pässe sind heute digital und ein großer Teil des Geldverkehrs sowieso. Nur weil wir also unseren Nachfahren zu bestimmten Aspekten unseres Handelns keine Papierdokumentation hinterlassen werden, heißt es nicht, dass diese Vorgänge nicht in komplexer Weise stattfinden. Sie lassen sich nur anhand von Papierdokumenten nicht mehr nachvollziehen.

Papier und Pergament stehen für die Schriftzeugnisse und sind die Forschungsquellen der Historiker. Dingliche Funde wie Scherben, Münzen oder alte Knochen sind die Medien der Archäologen. Es existieren tatsächlich noch viele Berliner Urkunden aus dem Mittelalter – wenn auch nicht alle, die wünschenswert wären – und es gibt zahlreiche archäologische Funde aus dieser Epoche. Vor allem aber werden letztere immer mehr, weil weiterhin gegraben wird. In den letzten Jahrzehnten haben bereits große Stadtkerngrabungen in den historischen Zentren von Berlin und Cölln, in der Breiten Straße, am Heiliggeistspital, am Stadtschloss, am Petriplatz, in der Königstraße und am Molkenmarkt stattgefunden.

Dabei sind schier zahllose Funde aus dem Mittelalter geborgen worden, von der Gürtelschnalle über Münzen bis hin zur einzelnen Gefäßscherbe. Diese Funde haben umfangreiche neue Einblicke in die Berlin-Cöllner Sachkultur ab dem 12. Jahrhundert ermöglicht. Neben der materiellen Ausstattung der mittelalterlichen Stadtgesellschaft,

Archäologen während der Ausgrabungen in der Breiten Straße, 2013

die wir nun viel genauer erfassen können, spielte die Ausgrabung von mittelalterlichen Gräbern aus der Anfangszeit der Siedlungen Berlin und Cölln eine enorm wichtige Rolle für den Erkenntnisgewinn. Aus menschlichen Überresten lassen sich das biologische Geschlecht, das Sterbealter und einzelne Aspekte zu den Ernährungsgewohnheiten und den Versorgungsbedingungen in der mittelalterlichen Zeit ableiten. Dies war die Chance, mit den Menschen am Anfang unserer Stadt in einen neuen Dialog zu treten! Und der rasche Fortschritt in der Wissenschaft, insbesondere den naturwissenschaftlichen Methoden, hilft dabei ganz wesentlich.

Durch die methodische Weiterentwicklung in den Nachbardisziplinen der Archäologie stehen heute nicht nur verbesserte anthropologisch-osteologische Untersuchungsmethoden zur Verfügung, sondern auch Holzuntersuchungen zur Baumartbestimmung. Bei besserer Erhaltung sind dendrochronologische Datierung sowie Radiokarbondatierungen von organischen Materialien möglich. In der Summe lassen sich dadurch völlig neue Anhaltspunkte für kontextuelle Datierungen gewinnen. Man ist nicht mehr nur auf die Datierungen aus Münzen und Scherben angewiesen, die immer einige Probleme mit sich bringen, denn Münzen und Gefäße werden unter

Untersuchung der menschlichen Gebeine in der Cöllnischen Lateinschule am Petriplatz 2015

Umständen sehr lange benutzt. Solche Funde können zu Frühdatierungen führen, weil sie nur Auskunft darüber geben, wann diese Objekte hergestellt wurden, aber nicht darüber, wann und aus welchem Grund sie in den Boden gekommen sind.

Für alle diese Quellen gilt aber gleichermaßen, dass sie lediglich für einen bestimmten Sachverhalt oder für einen bestimmten Zeitpunkt stehen. Urkunden oder andere Dokumente zeigen ebenfalls nur bestimmte Ereignisse oder eine bestimmte Sicht, aber nie die Gesamtheit aller damit im Zusammenhang stehenden Vorgänge. Erst die interdisziplinäre Kooperation und die Gesamtschau auf die Dinge bringen das Wissen wirklich weiter.

Deshalb haben wir uns für dieses Buch zusammengetan. Wir, das sind die Archäologin Claudia M. Melisch, die Historikerin Ines Garlisch und der Historiker Jörg Feuchter, die jeweils unterschiedliche Schwerpunkte eingebracht haben. Gemeinsam möchten wir versuchen, die mittelalterlichen Linien der Berliner und Cöllner Geschichte neu zu denken und in allgemein verständlicher Form darzustellen. Nur wenn die mittelalterliche Geschichte klar und einprägsam aufgeschrieben ist, kann sie im historischen Bewusstsein der heutigen

Berliner wieder einen Platz finden. Wir haben darum in unserem Text versucht, die neuesten archäologischen Einsichten mit dem überlieferten Urkundenbestand und den dazugehörigen quellenkritischen Erkenntnissen und Informationen aus zeitgenössischen und peripheren Quellen aufzuarbeiten. Wir wollen auch aufzeigen, in welche Richtung die mittelalterliche Stadtgeschichtsforschung weitergehen könnte.

Dabei konzentrieren wir uns in diesem Buch hauptsächlich auf die Rekonstruktion der Lebensverhältnisse zwischen 1150 und 1300, um die Wurzelgänge der Entstehung von Berlin und Cölln nachzuzeichnen. Hierbei zeigt sich, dass die dynamische Entwicklung, die Berlin und Cölln damals genommen haben, zu einem einen größeren Raum umfassenden Phänomen gehört. Lübeck, Hamburg, Utrecht und Riga sind im 12. und 13. Jahrhundert ebenfalls groß geworden, weil die Zeiten damals sehr dynamisch waren. Tatsächlich ist unser Mittelalterbild heute hauptsächlich von jenen Ereignissen und Verhältnissen geprägt, die das Spätmittelalter, also das 14. und 15. Jahrhundert, bestimmten. Wir wollten einmal in die Zeit davor schauen.

Die Funde am Petriplatz erregten riesiges öffentliches Interesse.

Wer sich zunächst einen grundsätzlichen Eindruck vom Landleben in unserer Gegend in dieser Zeit machen möchte, kann dies im Museumsdorf Düppel in Berlin-Nikolassee tun. Dort haben Wissenschaftler und Laienarchäologen gemeinsam eine ländliche Siedlung aus der Zeit um 1200 in Teilen rekonstruiert und beleben das Museumsdorf seither mit regelmäßigen Veranstaltungen und Führungen.

Im Museumsdorf sind mehrere Häuser mit Inneneinrichtung zu sehen. Gezeigt werden außerdem mittelalterliches Wirtschaften und Tierhaltung. Handwerkliche Techniken wie das Schmieden, Weben, Färben oder Köhlern sowie landwirtschaftliche Herangehensweisen werden vorgestellt. So wird der für die Slawen typische Ackerbau mit dem Hakenpflug demonstriert, den aber auch noch die ersten »deutschen« Zuwanderer betrieben, bevor sich der Wendepflug durchsetzte. Außerdem sind dort Schafe und Rinder zu Hause, die den mittelalterlichen Entwicklungsformen weitestgehend entsprechen. Dazu muss man wissen, dass die meisten Nutztierarten in der Moderne durch gezielte Züchtung stark verändert wurden. Die Elbslawen, wel-

Museumsdorf Düppel, slawisches Haus

Museumsdorf Düppel, Nachzucht von mittelalterlichen Pflanzen und Dorfleben-Darstellung

che unsere Gegend seit dem 7. Jahrhundert bewohnten, sollen sogar einen im damaligen europäischen Vergleich einmalig hohen Bestand an Hühnern und Gänsen gehalten haben. Pferde spielten als Nutztiere, aber auch in ihrem Kult eine wichtige Rolle. Außerdem wurde sowohl in elbslawischer Zeit als auch später sehr viel Fischerei in unserer Region betrieben.

Die archäologischen Befunde weisen darauf hin, dass die Elbslawen vornehmlich in den Niederungen und an Gewässern siedelten und seltener auf den trockeneren Hochflächen wie dem Barnim nördlich von Berlin und Cölln oder dem südlich gelegenen Teltow. Auf den höheren Flächen wurden seit dem 12. Jahrhundert viele Orte gegründet, von denen manche, wie auch die Siedlung in Düppel, nur wenige Jahrzehnte bestanden. Die damals neu gegründeten Orte Berlin und Cölln sind keineswegs in einer menschenleeren Gegend entstanden. Auch wenn es – anders als man früher meinte – keine unmittelbaren slawischen Vorgängersiedlungen gab, waren es doch Siedlungen in ehemals slawischem Gebiet. Daher beginnen wir dieses Buch mit einem den Elbslawen gewidmeten Kapitel, um zu zeigen, dass auch vor den ersten Siedlungen in Cölln und Berlin bereits Menschen in unserer Gegend lebten und wirtschafteten. Die neuen Städte wurden in einem slawischen Umfeld gegründet. Inwiefern die ersten Einwohner zum Teil selbst aus der Region stammten, also nicht nur aus Einwanderern von ferne bestanden, ist zurzeit noch nicht geklärt. Unabhängig davon werden die vorgefundenen Strukturen ihrer aller Leben in nicht geringem Maße geprägt haben, und daher ist es wichtig, sich diese so gut es geht zu vergegenwärtigen.

Die archäologischen Datierungen am Petriplatz haben gezeigt, dass der Siedlungsbeginn von Cölln in der Zeit um 1150 liegen muss. Es wurden auch die ältesten Skelette aus der Berliner Nikolaikirche beprobt, die gleichartige Ergebnisse erbrachten. Deshalb kommen im zweiten Kapitel dieses Buches alle in der zweiten Hälfte des 12. Jahrhunderts wichtigen politischen Akteure selbst zu Wort. Sie stellen sich dem Leser vor und erläutern ihren Werdegang und ihre politischen Absichten – selbstverständlich fiktiv. Dabei wird klar, dass auch scheinbar recht vertraute Gestalten wie Albrecht der Bär oder Jacza von Köpenick heute in neuem Licht gesehen werden müssen.

Im dritten Kapitel wird erläutert, wie die beiden Siedlungen entstanden und welche Faktoren dabei eine Rolle spielten. Weil in den meisten Abhandlungen zu diesem Thema Berlin und Cölln wie ein einziges städtisches Gefüge behandelt werden und dabei Dokumente für den einen wie für den anderen Ort meist summarisch in chronologischer Reihenfolge aufgeführt werden, war es uns wichtig zu betonen, dass die beiden Gemeinden in den ersten 550 Jahren voneinander unabhängige Orte waren, mit jeweils eigenen Rechten, Räten und Kirchen. Die überlieferten Dokumente und archäologischen Erkenntnisse werden deshalb getrennt betrachtet, um die unterschiedliche Entwicklung beider Orte besser verdeutlichen zu können. Dass Berlin und Cölln oft miteinander kooperierten und zeitweise auch eine gemeinsame Stadtverwaltung hatten, ist der räumlichen Nähe und der Anliegerschaft an der Spree geschuldet und natürlich auch den überregionalen Handelsverbindungen. Jedoch wird dem Gründungsakt, aus dem zwei getrennte Siedlungen hervorgingen, hier eine größere politische Bedeutung eingeräumt als es üblicherweise der Fall ist. Eine »Doppelstadt« hat es aus mittelalterlicher Sicht nie gegeben, dieser Begriff ist erst viel später für das engräumige Gebilde Berlin/Cölln erfunden worden. Auch den Begriff »Schwesterstadt« lehnen wir ab, weil sich beide Städte oft keineswegs schwesterlich verhalten haben, wobei die lokalpolitischen Auseinandersetzungen erst mit den großen zeitgeschichtlichen Herausforderungen wie den häufigen Epidemien und Pestwellen ab dem 14. Jahrhundert begannen. Schon früh scheint Berlin sich wirtschaftlich von Cölln abgesetzt zu haben, doch erst im 16. Jahrhundert entstanden erste Vorstädte und langsam wucherte das städtische Territorium über die mittelalterlichen Grenzen hinaus. Aber das ist eine andere Geschichte.

Im vierten und fünften Kapitel schauen wir uns zuerst im frühen Cölln um und danach in Berlin. Dabei werden auch die wenigen Stellen in der Stadt gezeigt, an denen man heute noch mittelalterliche Spuren der Stadtgeschichte finden kann. Dass die Berliner heute so wenig über die mittelalterliche Stadtgeschichte wissen, hängt auch damit zusammen, dass diese Zeitschicht im Stadtbild kaum noch erkennbar ist. In vielen anderen Orten kann man sich leichter historisch orientieren als in Berlin, weil es die mittelalterlichen Stadtkerne noch gibt – meist mit hohen alten Kirchen als Landmarken. In Berlin aber wurde die letzte Petrikirche in den Jahren 1964/65 gesprengt und die kriegszerstörte Nikolaikirche erst von 1980 bis 1983 in ihrer historischen Gestalt wieder aufgebaut. In der spezifischen Situation Groß-Berlins gibt es verschiedene Zentren, weil so viele Alt-Orte in der Metropole zusammengeschmolzen sind. Vor dem Zweiten Weltkrieg war neben dem historischen Stadtzentrum, welches nach der deutschen Teilung in Ost-Berlin lag, bereits ein Geschäfts- und Vergnügungszentrum im Westen rund um die Kaiser-Wilhelm-Gedächtniskirche und den Bahnhof Zoo entstanden. Die mittelalterliche Stadtmauer Berlins wurde früh geschleift und auf dem alten Wall fährt heute die S-Bahn. Das alles macht es nicht leicht, sich die mittelalterliche Struktur und Erstreckung der Ursprungssiedlungen Berlin und Cölln vorzustellen.

Auch wie der Alltag der Menschen damals geregelt war, welche Kleidung die Cöllner und Berliner im Hochmittelalter trugen und nach welchen Prinzipien und Vorstellungen sie handelten und Recht sprachen, ist kaum nachvollziehbar. Deshalb werden im sechsten und siebten Kapitel die mittelalterliche Stadtgesellschaft mit den verschiedenen Ständen und die mittelalterliche Lebenswelt veranschaulicht.

Woher stammen eigentlich die ersten Berliner und Cöllner? Mit Sicherheit kann diese Frage nach heutigem Stand noch nicht beantwortet werden. Doch neue Untersuchungsmöglichkeiten an den aufgefundenen Gebeinen lassen hoffen, dass wir das in absehbarer

Zeit genauer erfassen können. Zu diesen neuartigen Methoden gehören genetische Analysen und Isotopen-Untersuchungen. Durch verbesserte genetische Techniken reichen inzwischen sehr geringe Probenmengen von alter DNS (aDNA) aus, um Erkenntnisse zur biologischen Verwandtschaft über Generationen zu ermitteln beziehungsweise über den Genpool, also die Zusammensetzung bestimmter Bevölkerungen und deren Entstehung. Mithilfe von Isotopenuntersuchungen können sowohl Erkenntnisse zur Ernährung als auch über die geografische Herkunft der Nahrung von Menschen und Tieren abgeleitet werden. Durch systematische Analysen bestimmter Teile des Skeletts können auf diese Weise räumliche Migrationsbewegungen bei einzelnen Lebewesen nachvollzogen werden. Deshalb haben wir das achte Kapitel dieses Buchs dem Thema »Neue Forschungsmethoden« gewidmet.

Wenn Natur- und Geisteswissenschaften aufeinandertreffen, stößt die interdisziplinäre Forschung manchmal an ihre Grenzen, weil die naturwissenschaftlichen Ergebnisse häufig mehr Fragen aufwerfen als sie beantworten und nicht unbedingt einfach zu verstehen sind. Aber wenn man Geschichtsschreibung als einen lebendigen Prozess versteht, dann ruht hierin vielleicht das größte Potenzial für künftige Untersuchungen. Die Synthese von geisteswissenschaftlichen und naturwissenschaftlichen Erkenntnissen an mittelalterlichem Fundmaterial ist heute mehr denn je gefordert. Auf diesem Wege werden biologische Materialien als Quellen erschlossen, welche das Potenzial haben, unsere bisherige Sicht auf die mittelalterliche Gesellschaft wesentlich zu bereichern und zu verändern.

Das neunte Kapitel dieses Buchs beschäftigt sich schließlich mit der Frage, was die alten Berliner für uns heute noch bedeuten, in welcher Weise das Wissen um die mittelalterlichen Anfänge unserer Stadt weiterhin lebendig ist und wie es dazu kam, dass das Mittelalter heute aus dem Stadtbild verschwunden ist. Zu fragen ist weiterhin, warum diese frühe Gründungszeit auch in Berlins offizieller Geschichtsschreibung und Außendarstellung so oft ausgeblendet wird. Dazu können wir keine fertigen Antworten anbieten, aber Stoff zum Nachdenken allemal. Und vielleicht eine Anregung, dass es lohnend ist, sich mit dem Thema zu beschäftigen.

Wir hoffen, dass wir ein gut lesbares Buch über die spannende, weitgehend unbekannte Entstehungsgeschichte der Stadt Berlin geschrieben haben, die die Leser unkompliziert in das Berlin und Cölln im 12. und 13. Jahrhundert eintauchen lässt. Wir wünschen uns, dass unser Buch ein Gespür für die langen historischen Linien dieser Stadt vermittelt, die sich immer wieder aufgerappelt hat und die von ihren Bewohnern auch nach den schlimmsten Zerstörungen aufs Neue aufgebaut wurde. Die Berliner lieben ihre Stadt. Als Berliner wird man geboren oder man wird Berliner (oder Berlinerin!) von Herzen, weil einem diese Stadt auch heute noch die große Chance bietet, freier zu leben. Dieses Charakteristikum prägte Berlin schon im Mittelalter und erweist sich heute noch als so mentalitätsstiftend und lebendig wie eh und je. Und es ist sehr wahrscheinlich auch das mächtigste Sympathiekriterium dieser Stadt – die Neuberliner werden irgendwann die alten sein!

Viel Spaß beim Eintauchen in eine vergangene Welt wünschen
Ines Garlisch, Claudia M. Melisch und Jörg Feuchter

Berlin, Frühjahr 2023

Kapitel 1
Die Elbslawen

Living-History-Darstellerin in mittelalterlicher Kleidung, gut zu erkennen sind die Schläfenringe.

Im Raum von Groß-Berlin finden sich menschliche Spuren ab der Altsteinzeit. Die Besiedlung war danach wohl kaum jemals für längere Zeit unterbrochen. Bis zum Beginn des Mittelalters gibt es noch Anzeichen für germanische Bevölkerungen. Doch spätestens im 7. Jahrhundert ist auch hier, wie nahezu überall in Mitteleuropa zwischen Ostsee und Ostalpen, die Ausbreitung einer neuen Kultur festzustellen: der slawischen. Sie kam von Osten und brachte eine eigenständige Formentradition und spezifische Siedlungs- und Beisetzungsformen mit sich. Typisch waren bauchige Töpfe mit wellenartigen Kammstrichverzierungen und vielgestaltige Holzhäuser. Ihre Toten äscherten die Elbslawen fast bis ans Ende der slawischen Periode ein.

Am eindrücklichsten lässt sich heute der slawische Einfluss an den Ortsnamen in der Region nachvollziehen. Auch »Berlin« ist ein Beispiel dafür, denn es geht auf ein slawisches Wort für »Sumpf« zurück (mehr dazu in Kapitel 3). Es gibt aber daneben viele regionale Gewässernamen vorslawischen Ursprungs, darunter die der großen Flüsse Havel, Spree und Dahme. Das ist ein starkes Indiz dafür, dass es eine gewisse Kontinuität zwischen vorslawischer und slawischer Bevölkerung gegeben hat, weil ansonsten diese Namen nicht hätten weitergegeben werden können.

Germania Slavica

Doch warum bewegten sich die Slawen damals nach Westen? Wir wissen es nicht genau. Chronisten des Frühmittelalters vermuteten, dass die Slawen vor den vordringenden Awaren, einem asiatischen Steppenvolk, flohen, von denen sie teils aber auch unterworfen gewesen sein sollen.

An Elbe und Saale kam die Ausbreitung der Slawen offensichtlich zum Erliegen, denn westlich dieser Flüsse finden weder Archäologen

Freilichtmuseum Düppel, slawische Blockhäuser

noch Experten für Ortsnamen Spuren slawischer Besiedelung. Eine der Ausnahmen ist das linkselbische Wendland in Niedersachsen. Die slawische Kultur breitete sich aber nicht nur in unserem Raum, sondern auch weiter im Süden aus, im Nordosten des heutigen Bundeslandes Bayern. Diese Gebiete bezeichnen Historiker zusammen als »Germania Slavica«.

Im Mittelalter gab es noch keinen einheitlichen Namen für den betreffenden Raum. Wohl aber verwendeten die Deutschsprachigen einen übergreifenden Namen für slawischsprachige Leute: Sie wurden »Wenden« oder »Windische« genannt – davon ist der Begriff »Wendland« abgeleitet. Die slawischen Bevölkerungen der Germania Slavica wurden jedoch keineswegs als ein einziges Volk verstanden. Vielmehr nannte man allgemein Anderssprachige im Osten »Wenden«. In gleicher Weise bezeichnete man in den deutschen Mundarten alle Menschen romanischer Sprachen im Westen als »Welsche«, ohne sie damit als Angehörige eines Volkes zu verstehen. Auch die Einwohner der Germania Slavica selbst haben sich wohl kaum als eine Großgruppe verstanden und auch nicht als eine Einheit mit den weiter östlich im heutigen Polen und heutigen Tschechien lebenden Menschen verwandter Sprache, etwa im Sinne eines gemeinsamen Slawentums.

Heidelberger *Sachsenspiegel*: Ein sächsischer Kolonist mit einem gefangenen Wenden

Christianisierung

Es ist zwar eine Sichtweise der jüngeren Zeit, insbesondere des 19. und 20. Jahrhunderts, Mitteleuropäer zunächst einer der drei vermeintlich einheitlichen und reinen, mit der Sprachfamilie zusammenhängenden Abstammungsgemeinschaften zuzuordnen, also primär als »Slawen«, »Germanen« oder »Romanen« zu betrachten. Doch bereits im Mittelalter kam es zu feindseligen Äußerungen und rechtlichen Diskriminierungen gegenüber Wenden und Welschen.

Bezeichnenderweise schlossen die Anfeindungen gegen Slawen oft auch nichtslawische Gruppen wie die Ungarn mit ein. Der *Sachsenspiegel*, ein Rechtsbuch aus dem 13. Jahrhundert, zeigt zwar, dass die Wenden einen besonderen rechtlichen Status hatten. Doch das Werk unterscheidet auch zwischen den Franken und den Sachsen. Wir dagegen sprechen oft pauschal von »den Deutschen« auf der einen und »den Slawen« auf der anderen Seite, obwohl das für diese Zeit nicht zutreffend ist. Doch dazu gleich unten mehr.

Sachsenspiegel

Der *Sachsenspiegel* ist ein ab etwa 1220 entstandenes mittelalterliches Buch, das in niederdeutscher Sprache die Rechts- und Verfassungsverhältnisse beschreibt, wie sie am Anfang des 13. Jahrhunderts herrschten. Als Verfasser gilt Eike von Repgow. Das in vielen Handschriften überlieferte Werk ist eine wichtige Quelle, auch für die Beziehungen zwischen Elbslawen (»Wenden«) und Neusiedlern aus dem Reich.

Viel entscheidender war im hohen und späten Mittelalter ohnehin, ob Menschen sich zum Christentum bekannten oder nicht. Dafür war allerdings weniger der persönliche Glaube ausschlaggebend als die Taufe und Zugehörigkeit zu einer Pfarrgemeinde, welche wiederum einem Bistum unterstand. In dieser Hinsicht wies das Gebiet zwischen Mittelelbe und Oder eine große Besonderheit auf: Während die meisten slawischsprachigen Bevölkerungen im heutigen Polen

Living History: Ein Junge mit den typischen slawischen Beinwickeln siebt gedroschenes Getreide aus.

und Tschechien sowie in Ostthüringen, im westlichen Sachsen-Anhalt und in Sachsen bereits um die Wende vom ersten zum zweiten Jahrtausend die christlichen Kirchenstrukturen angenommen hatten und die Taufe dort selbstverständlich geworden war, unterblieb das bei den Elbslawen für weitere anderthalb Jahrhunderte. Aber auch hier wurden in der Mitte des 10. Jahrhunderts christliche Bistümer gegründet.

Zu dieser Zeit hatten die neuen sächsischen Herrscher des ostfränkischen Reiches damit begonnen, ihren Machtbereich über die mittlere Elbe hinaus nach Osten militärisch auszuweiten. König Heinrich I. (919–936) eroberte um 928 den Ort Brandenburg und damit das Zentrum der slawischen Heveller. Sein Sohn, Kaiser Otto I. (936–973), richtete Grenzgrafschaften ein, die man »Marken« nannte. Diese Bezeichnung findet sich bis heute bei der Mark Brandenburg. In welchem Jahr genau Brandenburg und Havelberg zu Bischofssitzen wurden, ist umstritten. Gewiss ist aber, dass bereits vor der Jahrtausendwende die etablierten Bistums- und Herrschaftsstrukturen ihren tatsächlichen Einfluss auf das Leben der Menschen verloren hatten. Bischöfe von Havelberg und Brandenburg gab es für die nächsten anderthalb Jahrhunderte nur noch dem Namen nach.

Um das Jahr 983 hatten sich viele Slawen gegen die Eroberer aus dem Westen zusammengetan. Der sogenannte Lutizenbund vereinte mehrere Stämme aus dem südlichen Mecklenburg-Vorpommern und dem nördlichen Brandenburg (gemeint sind die Gebiete der heutigen Bundesländer). Auch die Heveller waren dabei. Offenbar spielte die heidnische Religion der Elbslawen bei der Bildung des Lutizenbundes eine wichtige Rolle. Sie sollen sich um ein zentrales, großes Tempelheiligtum in einem Ort namens Rethra geschart haben, was wohl eine Neuerung war und sich stärkend auf ihre Kampfkraft auswirkte. Dieser Ort konnte allerdings bis heute nicht lokalisiert werden. Jedenfalls wurde der vereinigte elbslawische Gegenangriff sehr gut vorbereitet und zeitlich günstig nach einer Niederlage von Kaiser Otto II. (973–983) gegen die Sarazenen in Süditalien begonnen. Havelberg und kurz darauf auch Brandenburg wurden zurückerobert. Der Angriff des Lutizenbundes war so erfolgreich, dass die Leute aus dem Reich zurückwichen und bis etwa zur Mitte des 12. Jahrhunderts zwar viele Kriegszüge über die Elbe unternahmen, jedoch keine dauerhafte Herrschaft errichten konnten. Das schloss aber keineswegs aus, dass sich einzelne Elbslawen christlich taufen ließen.

Besonders attraktiv schien das Angebot der Kirche für die Mächtigen unter ihnen gewesen zu sein, die sich damit den Adligen bei den Sachsen, Franken und Polen anzugleichen bemühten. Jedoch gelang es offenbar keinem dieser Herrscher, seine Untertanen geschlossen in die Kirche mitzunehmen.

Die Elbslawen blieben die einzige Bevölkerungsgruppe in Mitteleuropa, die fast bis zum Ende des Hochmittelalters mehrheitlich noch nicht christianisiert war. Diese spezielle Geschichte ist der Grund dafür, dass wir die Bevölkerung slawischer Kultur und Sprache in den heutigen Bundesländern Brandenburg, Berlin, Mecklenburg-Vorpommern sowie den östlichsten Teilen von Schleswig-Holstein und Sachsen-Anhalt mit einem besonderen Sammelnamen ansprechen, eben als die Elbslawen.

Wie Germania Slavica ist dies aber ein moderner, in der Rückschau der Historiker entstandener Name, kein mittelalterlicher. Wie sie sich selbst bezeichneten, wissen wir nicht genau. Wir lesen in zeitgenössischen Quellen zwar viele Angaben zu Namen von Stämmen beziehungsweise Stammesbünden. Doch wurden diese Texte nicht von den Elbslawen selbst verfasst, sondern von Geschichtsschreibern aus dem Reich. Wir können in dieser wie in anderen Hinsichten nicht davon ausgehen, dass sie stets gut informiert waren und unverzerrt berichteten. Zwar ist ihnen eine gewisse Neugier nicht abzusprechen und manchmal findet sich sogar ein positives Urteil über bestimmte den Elbslawen-Stämmen zugeschriebene Eigenschaften. Doch waren die Autoren ihnen insgesamt nicht wohlgesonnen und schrieben ihre Werke im Auftrag von Fürsten oder Bischöfen, die nach weltlicher beziehungsweise geistlicher Herrschaftsbildung im elbslawischen Gebiet strebten.

Siedlungsgebiete

Wo genau die Stämme jeweils lebten, ist ebenfalls nur schwer zu bestimmen. Für den Groß-Berliner Raum werden die bereits erwähnten Heveller im Westen und die Sprewanen im Südosten verortet. Berlin und Cölln liegen etwa in der Mitte zwischen diesen beiden Bereichen. Man kann die Siedlungsgebiete der Stämme jedoch keineswegs geografisch präzise mit Grenzlinien voneinander scheiden. Auch ist unklar, wie verlässlich die Aufteilung in einzelne slawischsprachige Stämme ist. Den Hevellern, deren Einfluss noch Spandau umfasst haben soll, wird gemeinhin eine verfestigte und zentralisierte Stammesstruktur zugeschrieben. Ihr Zentrum war die heutige Dominsel von Brandenburg/Havel mit einer mächtigen Burg. Sie war seit dem frühen 10. Jahrhundert bis in die Mitte des 12. Jahrhunderts immer wieder zwischen Reichsangehörigen und Elbslawen umkämpft. Weil sie so wichtig war, sind hierzu auch schriftliche Quellen überliefert. So lesen wir über die Heveller etwa, dass sie sich selbst Stodoranen nannten. Der letzte slawische Fürst von Brandenburg, Pribislaw/Heinrich, jedoch nannte sich nur nach seinem Sitz, nicht etwa nach einem Stamm. Und sein Vorgänger Meinfried wiederum wird wenig spezifisch als »Graf der Slawen« oder einfach als »Slawe« bezeichnet.

Die Sprewanen, als deren Zentrum man Köpenick vermutet, sind noch weniger greifbar und werden nur einmal im 10. Jahrhundert erwähnt. Das von ihnen bewohnte Gebiet »Sprewa« wird nochmals vor und nach dem Jahr 1200 in den Quellen genannt, aber es dürfte wohl deutlich weiter südlich an der Spree als Köpenick gelegen haben, im (heutigen) Land Brandenburg. Im 12. Jahrhundert tritt dann in Köpenick ein Mann namens Jacza auf, der in der Literatur oft ganz selbstverständlich als »Sprewanenfürst« bezeichnet wird. Ob es aber überhaupt einen solchen Stamm der Sprewanen im 10. Jahrhundert gegeben hat und ob er bis ins 12. Jahrhundert bestand, ob Jacza in Köpenick über diesen Stamm herrschte oder über ein ganz anderes Gebilde: Das wissen wir alles schlicht nicht. Der Mann selbst nannte sich auf den von ihm geprägten Münzen jedenfalls nur »(Fürst) Jacza von Köpenick« (IACZA COPTNIC CNES, IACZO DE COPNIC). Bemerkenswert ist, dass er sich als Erbe des Brandenburgers Pribislaw/Heinrich sah, dieses Erbe jedoch nicht sofort nach dessen Ableben geltend machte. Das erfahren wir aus einer der ganz raren schriftlichen Quellen dieser Zeit, dem *Tractatus de urbe Brandenburg*. Dieser in lateinischer Sprache verfasste Bericht stellt die Ereignisse rund um den Erbgang auf der Brandenburg dar. Von wem dieser Bericht verfasst wurde, ist nicht genau bekannt. Vermutet wird, dass er von einem Schreiber im Auftrag des Markgrafen Otto, dem Nachfolger Albrechts des Bären, verfasst wurde. Er wollte damit möglicherweise die Rechtmäßigkeit seines Erbes beweisen, indem er behauptete, Jacza habe das Erbe zu Unrecht beansprucht.

Die Forschung hat aus Jaczas Verhalten geschlossen, dass er sich im Rahmen von Absprachen zwischen größeren Fürsten sowohl auf der sächsischen als auch auf der polnischen Seite zunächst zurückhielt und erst spät gegen den neuen sächsischen Fürsten Albrecht den Bären auf der Brandenburg vorging. Doch von Jacza, dem der Berliner Historiker Michael Lindner im Jahr 2012 eine eigene Studie gewidmet hat, auf die wir uns hier stützen, wird das zweite Kapitel noch ausführlicher handeln. Festzuhalten ist hier, dass Jacza als einziger regionaler Elbslawe zu einer populären Sagengestalt in Berlin wurde. Die überlieferte Geschichte geht so: Jacza soll auf der Flucht vor Albrecht dem Bären, der die Brandenburg von ihm zurückerobert hatte, bei Pichelsdorf (Spandau) mit seinem Pferd über die Havel geschwommen und auf der anderen Seite, im Grunewald, zum Dank für seine Rettung vor dem Ertrinken Christ geworden sein. Sein Horn und seinen Schild soll er dort am Ufer an eine Eiche gehängt haben. Das steinerne Schildhorn-Denkmal erinnert daran. Tatsächlich gibt es keinen historischen Beleg dafür und es scheint unwahrscheinlich, dass es sich so ereignet hat. Jacza war nämlich nachweislich zu dieser Zeit schon Christ. Zudem existierte die Sage längst, als ein Gelehrter des frühen 19. Jahrhunderts den Herrn von Köpenick willkürlich, aber nachhaltig mit dem vorgeblichen Geschehen an der Havel verknüpfte.

Gesellschaftsstruktur und Kriegszüge

Wenn wir die Vorstellung, die wir heute von den Elbslawen haben, hinterfragen, fällt auf, dass wir sie vor allem beschreiben, indem wir hervorheben, was sie nicht hatten: Bei den Elbslawen finden wir kein territorial organisiertes und dementsprechend kein per Kindstaufe erworbenes Christentum, ebenso wenig über Kleinräume hinausgreifende Herrschaftsformen, also keine Königreiche oder Großfürstentümer wie etwa bei den slawischen Nachbarn im Osten und Süden, Polen und Böhmen. Auch die Schriftkultur pflegten sie nicht. Daher charakterisiert man die Elbslawen oft als pagane, also heidnische, akephale (»kopflose«) und schriftlose Gesellschaft. Diese Unterschiede zu den benachbarten Bevölkerungsgruppen sind ohne Zweifel wichtig. Aber letztlich handelt es sich eben nur um eine Aufzählung von Defiziten, die nicht benennt, wie das gesellschaftliche Leben der Elbslawen aussah. Wie gelang es ihnen etwa, den Aufstand von 983 zu organisieren und zum Erfolg zu führen? Das scheint nicht zu einer vermeintlich unstrukturierten oder dezentralisierten Gesellschaft zu passen, von der man ausgehen könnte, wenn man betrachtet, was die

Schildhorn-
denkmal

Elbslawen offenbar alles nicht hatten. Ob der Schlüssel zum Erfolg tatsächlich darin lag, sich um ein zentrales Heiligtum zu scharen und sich so einer monotheistischen Religionsform zu nähern, wie sie im Westen gepflegt wurde, bleibt nur eine Vermutung. Die voreingenommenen und ungenauen Schriftquellen aus der Feder ihrer Gegner und anderer außenstehender Zeitgenossen sagen oft viel mehr über deren eigenes Weltbild aus als über die tatsächliche Geschichte der Elbslawen. Welcher Wahrheitsgehalt ihren Beschreibungen von elbslawischer Abbildverehrung, aus christlicher Sicht also »Götzendienst«, und Opferpraktiken zukommt, ist aus heutiger Sicht überaus schwer einzuschätzen.

Um mehr herauszufinden, sind wir vor allem auf die Archäologie angewiesen. Ihre Grabungen und Auswertungen haben reiche Ergebnisse hervorgebracht und tun es noch. Slawische Burgwälle und Siedlungsspuren wurden an vielen Orten nachgewiesen und die Befunde sind, wenn sie auf Karten und in Museen präsentiert werden, eindrucksvoll in ihrer Dichte. Gleichwohl stößt die Archäologie genau wie die Geschichtswissenschaft an ihre Grenzen. Doch in jüngerer Zeit sind neue Methoden aus den Naturwissenschaften verfügbar geworden, die durch die Untersuchung von Körperfunden neue Zugänge auch zu den Elbslawen bieten könnten – vorausgesetzt, sie werden von Geschichtswissenschaft und Archäologie kundig eingesetzt. Besonders vielversprechend erscheint hier die DNA-Analyse, die seit den 2010er-Jahren enorme Fortschritte gemacht hat. Das neue Potenzial dieser und anderer naturwissenschaftlicher Methoden stellen wir in Kapitel 8 ausführlicher vor. Einstweilen müssen wir uns jedoch noch auf die Ergebnisse und Schlüsse der traditionellen Archäologie, die sich mit Siedlungsspuren und Sachgutfunden befasst, beschränken.

Weil sich im elbslawischen Gebiet die Spuren vieler teils auch sehr großer und daher mit gehörigem Aufwand errichteter Burgen finden, wird eine um diese Anlagen zentrierte politische Organisation angenommen. Man geht von mächtigen Herren über diese Burgen aus. Die Schriftquellen aus dem Reich berichten sowohl von mächtigen einzelnen Elbslawen als auch von Eliten aus »Ältesten«, die an der Macht waren. Eine wichtige regionale Rolle dürfte in dieser Hinsicht zum Beispiel ein Anführer namens »Chotemysl« gespielt haben, dem am Ende des 10. Jahrhunderts die Halbinsel »Poztupimi« gehört haben soll. Gemeint ist damit jenes Gebiet im scharfen Knick der Havel nach Westen, das heute noch den Hauptteil des Stadtge-

Slawenburg Groß Raden

biets von Potsdam ausmacht. Doch auch dieser führende Mann, einer der wenigen überhaupt namentlich bekannten Elbslawen, bleibt ansonsten im Dunkeln.

Die von Slawen aufwendig ringförmig errichteten Burgbefestigungen wurden zum Teil mehrfach ausgebaut. Besonders massiv sind die Burgen der letzten, nämlich der spätslawischen Zeit, während des Hochmittelalters. Gemeinsam ist all diesen Bauwerken, dass sie aus Erde und Holz errichtet wurden. Entsprechend schnell verfielen sie auch, weswegen sie oft erneuert werden mussten. Wer sich ein Bild von den eindrucksvollen spätslawischen Burgwällen mit bis zu 100 Metern Durchmesser machen möchte, kann sich die Nachbauten in Raddusch (sorbisch: Raduš, Ortsteil von Vetschau/Spreewald) oder Groß Raden in Mecklenburg ansehen, die beide auf authentischen archäologischen Fundstellen errichtet wurden. In Raddusch wurde auch eine vermutlich kultischen Zwecken dienende Holzskulptur in Menschengestalt gefunden, die möglicherweise Teil einer Palisade war. Die Burganlagen könnten in der Tat auch Tempelfunktionen gehabt haben. Mitunter zu findende kleine Figürchen mögen sakrale Gegenstände gewesen sein.

Auffallend oft lagen die slawischen Burgwälle auf Inseln, sei es auf natürlichen wie im Falle der Brandenburger Dominsel oder auf

Bronzepferdchen mit Sattel von der Dominsel in Brandenburg

künstlichen wie in Spandau oder Potsdam. Für letztere boten sich Halbinseln oder Sporne an, die in Gewässer ragten und nur noch durch einen Graben abgetrennt werden mussten. Auch recht nahe den Ansiedlungen Cölln und Berlin, auf der Höhe von Alt-Stralau, gab es eine altbekannte Fundstelle, die nach dem heutigen Namen der Lokalität »Kreuzbaum« genannt wird.

Ob die große Zahl an Burgwällen auf eine besonders konfliktreiche Zeit hindeutet? Auch das wissen wir nicht. Kriegszüge drangen aus Gebieten westlich der Elbe seit dem 10. Jahrhundert immer wieder in die Region vor. Aber auch die polnischen Piasten-Herrscher aus dem Osten beteiligten sich zum Beispiel am sogenannten Wendenkreuzzug von 1147. Allerdings berührte dieser nicht die Gebiete rund um Berlin, sondern jene weiter im Norden. Während die Angreifer 1147 auf die Zerstörung der slawischen Herrschaften zielten, ging es bei den meisten gewalttätigen Heimsuchungen zuvor wohl eher um das Eintreiben von Tribut oder schlicht um Plünderung beziehungsweise um Vergeltung für slawische Angriffe.

Alltag und Arbeit

Wie können wir uns den Alltag der Elbslawen vorstellen? Wir wissen, dass sie in Holzhäusern wohnten, auch wenn deren Überreste nur sehr schwer archäologisch zu ermitteln sind. Die Menschen waren damals keineswegs nur Bauern und Dorfbewohner, sie lebten auch in vergleichsweise großen, von den erwähnten Burgen geschützten Orten zusammen. Hier gab es Handwerker und Kaufleute, also Spezialisierung und Arbeitsteilung.

Einwohnerzahlen können archäologisch nicht ermittelt werden und die Forschung spricht in diesem Zusammenhang auch noch nicht von Städten, sondern von früh- oder vorstädtischen Siedlungen. Im heutigen Berliner Gebiet waren Spandau und Köpenick im Mittelalter wahrscheinlich nicht mehr nur Suburbien der jeweiligen Slawenburg, sondern »proto-urbane« Siedlungen.

Es dürfte ein durchaus reiches Handelsleben bei den Elbslawen gegeben haben, dessen Geflecht sich auch bis in weit entfernte Gegenden erstreckte. Durch das Gebiet Berlin-Brandenburgs verliefen zahlreiche Fernhandelswege. Davon zeugen viele Münzfunde mit

Währungen aus dem christlichen, aber auch einige aus dem muslimischen Herrschaftsbereich in Europa. Die lokale Münzprägung setzte erst mit den erwähnten Herrschern Jacza und Pribislaw/Heinrich ein; letzterer bildete sogar seine Gattin Petrissa mit ab. Darüber hinaus wurden im nordwestlichen Brandenburg, in Wusterhausen an der Dosse, auch sehr reich ausgestatte elbslawische Gräber mit besonders prestigeträchtigen Schwertern und goldbestickter Bekleidung gefunden.

Man lebte im Slawenland also keineswegs isoliert vom Rest Mitteleuropas. Gehandelt wurde unter anderem mit Fellen, doch auch mit Sklaven soll reger »Warenverkehr« betrieben worden sein. Bezeichnenderweise kommt das in vielen europäischen Sprachen verbreitete Wort »Sklave« nicht aus dem Lateinischen, sondern von der mittelalterlichen griechischen Bezeichnung für Slawen auf dem Balkan (Sklavenoi beziehungsweise Sklavoi). Sogar in Al-Andalus, also im muslimisch regierten Teil der iberischen Halbinsel, gab es viele Menschen aus Ost(mittel)europa, die als Sklaven dorthin gelangt waren. Auch im Arabischen wurde für »Slawen« und »Sklaven« dasselbe Wort verwendet (Ṣaqāliba). Ob unter den Slawen dabei nur Opfer oder auch Betreiber dieses Menschenhandels waren, ist nicht gesichert.

Obwohl es durchaus schon verdichtete frühstädtische Siedlungen gab, werden doch die meisten Elbslawen eher dörflich gelebt haben. Im heutigen Stadtgebiet von Berlin sind mehrere ihrer Dörfer archäologisch nachgewiesen. So wird etwa für Rosenthal aufgrund des archäologischen Befundes ein aufgegebener slawischer Siedlungsplatz in der Nähe vermutet.

Slawische Dörfer sollen von einfachen Häusern ohne Teilung in Stall- und Wohngebäude geprägt gewesen sein. Etwas abseits der Wohnbereiche der Dörfer lagen die Back-, Kalk-, Teer- und Rennöfen,

Slawische Holzschale mit Hühnerkopf aus Berlin-Spandau. Holz erhält sich selten im Berliner Boden.

Vergoldeter slawischer Schildbuckel mit dazu passenden Sporen

wie sich mehrfach in archäologischen Befunden zeigte. Wie sahen die Slawen aus, wie kleideten sie sich? Prägend für unsere Vorstellungen sind vor allem die Abbildungen in der Heidelberger Handschrift des bereits erwähnten *Sachsenspiegels*. Die hier abgebildeten wendischen Frauen tragen stets Schläfenringe, die Männer sind durch eine Haartracht gekennzeichnet, die einem Undercut ähnelt: bis über die Ohren sehr kurz geschnitten, darüber länger. Vor allem aber tragen die Männer auf den Bildern stets Beinwickel, also eine westlich der Elbe zu dieser Zeit längst überholte frühmittelalterliche Tracht. Da allerdings kaum Textilien die Zeit überdauert haben, wissen wir nicht, ob die Männer sie wirklich alle anhatten, zumal die Abbildungen sicherlich auf die Darstellung gruppenspezifischer Kleidungsstücke abzielten und weniger auf die Alltagskleidung. Hingegen haben die runden beziehungsweise spiralförmigen Schläfenringe sich als Grabbeigaben von Frauen oft gut und in großer Zahl erhalten. Wie bei den kurzen Messern, die bei beiden Geschlechtern häufig zu finden sind, kann jedoch nicht mit Gewissheit gesagt werden, ob dies auch dem »Alltagslook« entsprach.

Einheimische Elbslawen und Zuwanderer aus dem Reich

Ob man die Elbslawen im 12. Jahrhundert anhand ihrer Alltagskleidung noch von den Zuwanderern unterscheiden konnte, ist fraglich. Ohnehin wissen wir nicht genau, woher die Zugezogenen kamen. Die Quellen berichten von zahlreichen Flamen, auch manche Ortsnamen – zum Beispiel Fläming oder Lichterfelde – deuten darauf hin. Diese Gruppe soll sich besonders durch ihren kundigen Umgang mit Entwässerung und dem Bau von Deichen ausgezeichnet haben. Auch die Küste, das Rheinland und Westfalen werden als Herkunftsräume der mittelalterlichen Zuwanderer öfter erwähnt. Es wird jedoch in der Forschung auch vermutet, dass die Heimat der meisten Neuzuwanderer vielmehr die unmittelbare Nachbarregion im Südwesten war, also das südliche (heutige) Sachsen-Anhalt.

Oft werden alle Migranten jener Zeit in der modernen Literatur pauschal als »Deutsche« bezeichnet. Allerdings gibt es um diese Zeit noch kein übergreifendes, einheitliches Selbstverständnis eines deutschen Volkes. Dieses lässt sich erst am Ende des Spätmittelalters in Ansätzen nachweisen. Auch die zeitgenössischen Quellen, die über Migration sprechen, beziehen sich viel öfter auf einzelne Stämme. Im Spätmittelalter ist dann auch eine rechtliche Diskriminierung der Slawen gegenüber den Deutschen festzustellen, vor allem in den Städten. So wurde mancherorts Menschen mit nicht deutschen beziehungsweise wendischen Vorfahren der Zugang zu Handwerkerzünften verwehrt. Ob dies aber auch in der Frühzeit, also im 12. und 13. Jahrhundert, Entsprechungen hatte? Manche Forscher gehen etwa von einem mehr oder weniger zwangsweise separierten Wohnen der Slawen in für sie bestimmten Ortsteilen (Wendenkieze) aus. Andere vermuten, dass sich die Bevölkerungen rasch mischten. Auch die Zahlenverhältnisse zwischen Einheimischen und Zugewan-

Slawische Keramik: Standbodentöpfe mit Wellenbandverzierungen in der Zitadelle Spandau

derten sind unklar. Wurden die Elbslawen damals zur Minderheit in ihrer Heimat? Die Schriftquellen, die von einem riesigen Zustrom von Menschen aus dem Reich berichten, dürfen durchaus mit Vorsicht betrachtet werden. Vielleicht bieten uns hier die neuen Methoden Einblicke. Sicher ist aber schon heute, dass die Sprache und die Kultur der Elbslawen recht rasch schon im Mittelalter untergingen – wenn auch keineswegs überall.

Südöstlich von Berlin, in der Lausitz, leben heute noch etwa 60 000 Sorben, die sowohl Deutsch als auch Nieder- beziehungsweise Obersorbisch sprechen und ihre eigene Identität, Ethnizität und kulturelle Eigenständigkeit bewahrt haben. Die sorbischen Bräuche und Traditionen gehören zum immateriellen Kulturerbe Deutschlands. Doch was ist in der heutigen Hauptstadt von den Slawen übrig geblieben, außer den Ortsnamen, der zweifelhaften Jacza-Schildhorn-Sage und den in der Erde versunkenen Burgwällen? Hat ihre Sprache Spuren hinterlassen? Tatsächlich wohl kaum. Es gibt keine nur für das Berlinische spezifischen slawischen Wörter oder grammatikalischen Einflüsse, und die meisten slawischen Lehnwörter im

Die Keramik der Neuankömmlinge: Grauwaren und bleiglasierte rote Irdenware in der Zitadelle Spandau

Deutschen kamen ohnehin aus Nachbarsprachen, sind also Fernentlehnungen (zum Beispiel »Grenze« oder »Jauche«) und in der Regel im ganzen Sprachraum gebräuchlich. Immerhin gibt es östlich der Elbe besondere Wörter für Fischarten wie »Plötze« – anderswo wird dieser Karpfenfisch »Rotauge« oder »Schwal« genannt –, bei denen zumindest nicht auszuschließen ist, dass sie noch direkt aus dem Elbslawischen stammen. Sprachwissenschaftler haben eine alte westslawische Wortform »plotica« erschlossen. Daher hat auch der Plötzensee in Wedding seine Bezeichnung erhalten. Immerhin können uns Namen wie dieser daran erinnern, dass die ersten Berliner und Cöllner, ganz gleich, ob sie nun von nah oder fern zugewandert waren, in einer noch sehr slawischen Welt lebten.

ALBRECHT
DER
BAER
1100 - 1170

Kapitel 2
Die politische Landschaft im 12. Jahrhundert

Über die Anfänge der Städte Cölln und Berlin im Mittelalter wissen wir immer noch nicht sehr viel. Die bisherigen Forschungen gehen wegen der überlieferten Schriftzeugnisse davon aus, dass beide Orte ungefähr zwischen 1200 und 1220 entstanden. Die Ergebnisse der archäologischen Ausgrabungen der letzten Jahre machen es aber sehr wahrscheinlich, dass der Siedlungsbeginn schon um 1150 zu datieren ist. Durch diese frühere Datierung ändert sich allerdings auch die politische Ausgangslage für die Bedingungen der Stadtentstehung, denn im heutigen Stadtgebiet wandelten sich die Verhältnisse zwischen 1150 und 1200 vermutlich grundlegend. Ab Mitte des 12. Jahrhunderts agierten nämlich vier Hauptparteien im Umfeld des späteren Zentrums Cölln/Berlin. Wir lassen die Anführer dieser vier Parteien im Folgenden selbst zu Wort kommen. In ihren fiktiven Berichten schildern sie, was die Forschung über sie und die sie begleitenden Umstände herausgefunden hat. Die spannende Frage ist dabei, wer von den Vieren die Initialisierung der Siedlungen Cölln und Berlin letztlich für sich in Anspruch nehmen kann. Doch lesen Sie selbst!

Skulptur Albrechts des Bären von der Siegesallee, Zitadelle Spandau

Erzbischof Wichmann von Magdeburg (1152–1192)

Ich heiße Wichmann von Magdeburg und entstamme der Familie der Grafen von Seeburg. Meine Familie kommt aus dem Harz und ist sehr begütert. Markgraf Konrad von Meißen und der Lausitz ist mein Onkel. In meiner Zeit als Bischof von Naumburg habe ich neben meiner Tätigkeit im Reichsdienst am Hofe König Konrads III. die Besiedlung in meinem Einflussbereich gefördert. Später, als ich Erzbischof von Magdeburg wurde, bildete mein Einsatz für den Landesbau eines der wichtigsten Merkmale meiner Politik und Herrschaft. Dass ich dieses hohe Amt überhaupt bekommen habe, verdanke ich der Förderung durch König Friedrich Barbarossa. Durch seine Unterstützung meiner Kandidatur für das Bischofsamt verschaffte er sich mit mir einen treuen Mitstreiter für seine nach Osten ausgerichtete Expansionspolitik. Mir war bewusst, wie wichtig das Anlegen von Siedlungen für solch eine Politik ist.

Der Dienst für das Reich, den ich viele lange Jahre abgeleistet habe, schärfte meinen Blick für die überregionale Bedeutung meines Handelns und der Respekt vor der Oberhoheit des Königs über ostelbisches Gebiet war die Grundlage für mein Vorgehen. Das wurde damals auch allseits anerkannt und geachtet.

Ab Mitte des 12. Jahrhunderts bis in die 1180er-Jahre habe ich mich besonders für die Anlage und die Weiterentwicklung von Siedlungen eingesetzt. Mir standen dafür verschiedene Mittel zur Verfügung: zum einen sogenannte Lokationsverträge, in denen ich einen Unternehmer mit der Gründung einer Siedlung beauftragte. Dies war dann der Lokator.

Lokator
Als Lokator bezeichnete man jemanden, der vom Landesherrn damit beauftragt wurde, eine Siedlung an einem dafür bestimmten Ort anzulegen. Der Lokator hatte die Aufgabe, den gesamten Ansiedlungsprozess zu organisieren, das heißt Menschen anzuwerben, die sich auf die Unternehmung einließen, aber auch Grundstücke auszumessen und den Aufbau zu begleiten. Als Lohn für seine Bemühungen bekam der Lokator selbst Grundstücks- und Steuervergünstigungen, verbunden mit der Aussicht auf das Amt des Ortsvorstehers.

Zum anderen habe ich gelegentlich einen Gütertausch dem Landkauf vorgezogen – je nachdem, was gerade besser passte. Mit meinen Unternehmungen war ich ganz auf der Höhe der Zeit, denn im 12. und 13. Jahrhundert verfolgten viele Investoren diese Strategien.

Im Jahr 1159 gelang mir der Ausbau des Dorfes Pechau. Das Dorf liegt in der Nähe eines slawischen Burgwalls und es gab dort schon im 10. Jahrhundert eine sächsische Burg, die Kaiser Otto I. dem Magdeburger Moritzkloster übereignet hatte. Diese Gegend war also bereits seit langer Zeit bewohnt, als ich mich dort 1159 als Kolonisator betätigte.

Im gleichen Jahr konnte ich auch in Wusterwitz aktiv werden. Hier versuchte ich – juristisch betrachtet – die Gründung von zwei

Siedlungen. Im ersten Schritt sollte dort ein Dorf geschaffen werden. Alle Händler und Kaufleute, die sich im Ort niederlassen wollten, wurden unter Magdeburger Recht gestellt.

Magdeburger Recht

Als Magdeburger Recht bezeichnet man eine ganze Reihe von einzelnen Stadtrechten, die unter diesem Begriff zusammengefasst wurden. Sie zeichnen sich unter anderem durch die starke Begünstigung des Handels aus. Da das Recht nicht nur für die Neugründungen östlich der Elbe attraktiv war, wurde es in vielen Städten übernommen, teils angepasst an die örtlichen Erfordernisse. Das Magdeburger Recht wurde bis weit in den Osten verliehen, so zum Beispiel in Krakau oder Kiew. Da Magdeburg in letzter Instanz als Oberhof über strittige Rechtsfragen entschied, entstand aus dieser Stadtrechtsfamilie ein verbindendes Netzwerk.

Durchreisenden gewährten wir weitgehende Erleichterungen wie die Befreiung von Zoll und Wegegeld für fünf Jahre. Dieser zweite Schritt sollte Handel und Wandel im Ort befördern. Leider versank Wusterwitz aber ziemlich schnell in der Bedeutungslosigkeit. Das war sehr schade, weil ich hier mein planerisches Denken und Können öffentlich unter Beweis stellen wollte. Aber der Ort war wohl zu ungünstig gelegen. Aus diesem Fehler wollte ich lernen!

Bis zu diesem Zeitpunkt hatte ich mich mit meinen Siedlungsaktivitäten nur in der Nähe von Magdeburg bewegt. Durch die Gründung des Zisterzienserklosters Zinna im Jahr 1170 sollte nun ein wichtiger Schritt in Richtung Osten getan werden. Die Gründung von (Zisterzienser-)Klöstern war damals eine bewährte Möglichkeit des Landesausbaus.

Im Jahr 1174 gelang mir endlich der Durchbruch Richtung Osten mit der Initiierung einer Fernhandelssiedlung in dem slawischen Ort und Burgward Jüterbog. Die »Terra Iuterbogk« wurde ein großer Erfolg. Mit der Anlage dieser Siedlung, die ebenfalls mit Magdeburger Recht ausgestattet war, verband ich weitere Planungen. Deshalb ließ ich in die Urkunde gleich die Anlage weiterer Marktorte im näheren Umfeld schreiben. Die Stadt Jüterbog sollte dabei die Führungsrolle als Verwaltungs- und Gerichtsort übernehmen.

Bevor ich Jüterbog gegründet hatte, erhielt ich schon die Abtei Nienburg (Saale) vom Reich und schlug damit zwei Fliegen mit einer

Klappe. Dadurch war mein Einflussgebiet nicht mehr so »löchrig« wie vorher und ich konnte darüber hinaus meinem Konkurrenten Albrecht dem Bären eine gehörige Niederlage beibringen. Er hatte zwar weiterhin die Vogtei, also die Rechtsvertretung in Nienburg inne, war aber nun von meinem Erzbistum abhängig. Die dem Kloster Nienburg entzogenen Güter habe ich dann meinem Verwandten Markgraf Konrad als Lehen gegeben und so die Ausdehnung des Einflussbereichs meines Erzbistums befördert. Konrad gelang es später, Lebus und dem Erzbistum Magdeburg so einen Zugriff auf das gleichnamige Bistum zu verschaffen. Wieder ein Punkt weniger auf meiner Wunschliste.

Brakteat des Wichmann von Seeburg, Erzbischof von Magdeburg

Schließlich gelang es mir kurzzeitig sogar, Spandau unter meinen Einfluss zu bringen, und so konnte ich etwas weiter südlich das Dörfchen Seeburg anlegen, dem ich als Mitglied der Familie der Grafen von Seeburg unseren Namen verlieh, obwohl es dort weder einen See noch eine Burg gab. Auch in Potsdam legte ich in den 1190er-Jahren eine kleine, stadtähnliche Siedlung an. Mein gesamtes Handeln zielte in dieser Zeit darauf ab, durch planvolles Ansiedeln und durch die Förderung von Handel und Gewerbe Land und Einfluss in meinem Herrschaftsbereich dazuzugewinnen. Aber ich war nicht allein mit meinen Plänen, ganz im Gegenteil: Die Konkurrenz war groß und sie hatte mein Handeln im Blick. In jenen Jahren herrschte eine regelrechte Goldgräberstimmung. Alle wollten ihre Herrschaft durch Ländereien im Osten ausweiten und befestigen. Die Zeit dafür schien sehr günstig. Besonders machte mir dabei Albrecht der Bär zu schaffen.

Albrecht der Bär (1134/1157–1170)

Ich bin Albrecht der Bär, meines Zeichens Markgraf der Nordmark und somit ein wichtiger Fürst im Reich. Meine Hauptaufgabe besteht in der Sicherung der Grenzmark, die östlich der Elbe liegt und dem Reich bislang eher als militärische Pufferzone denn als Siedlungsausbaugebiet diente. In diesen Gegenden versuche ich die Oberherrschaft des Reiches aufrechtzuerhalten, soweit sie bereits besteht. Zugleich kann ich hier im Kampf um Macht, Einfluss und Herrschaft mitmischen, der gerade unter den Reichsfürsten stattfindet. Einer meiner schärfsten Konkurrenten ist der Erzbischof von Magdeburg und ich muss zugeben, dass er über viel Geschicklichkeit und gute Beziehungen verfügt. Dadurch ist er beim Erwerb von Territorien immer ganz vorne mit dabei.

Ich wurde wahrscheinlich um das Jahr 1100 geboren – so genau weiß ich das nicht, weil bei uns das Geburtsdatum nicht besonders wichtig ist. Sehr wichtig ist mir aber, so zu leben, dass ich ins Paradies eingelassen werde, wenn ich sterbe. Mein Vater war der sächsische Graf Otto von Ballenstedt, meine Mutter hieß Eilika und stammt aus der Familie der Billunger. Die Billunger waren sächsische Herzöge, hatten also einen höheren Rang als mein Vater. Unsere Familie besaß reiche Güter im ostsächsischen Schwabengau, im Nordthüringgau, in der Gegend um Bremen, im Balsamgau um Stendal und in Tangermünde sowie in der Wische um Werben und Seehausen.

Brakteat mit dem Abbild Albrechts I., genannt Albrecht der Bär

Ich bin in dem Bewusstsein erzogen worden, zu einer der führenden sächsischen Familien zu gehören. Daraus erwuchs für mich selbstverständlich die Aufgabe, deren Stellung zu sichern und möglichst auszubauen. Deswegen habe ich mich in den ersten Jahren meiner Herrschaft sehr bemüht, die Markgrafschaft der Nordmark zu gewinnen. Mehrmals schien das zum Greifen nah zu sein, aber im Jahr 1128 und im Jahr 1130 ging die Nordmark zunächst an zwei Konkurrenten – nicht ganz ohne mein Zutun, wie ich leider zugeben muss, denn ich hatte für die Ermordung eines Mitbewerbers gesorgt. Erst im Jahr 1134 kam ich selbst zum Zuge, nachdem ich vorher sogar noch die zwischenzeitlich erhaltene Mark Lausitz eingebüßt hatte. Leider hatte ich mich wohl auch da in den Mitteln vergriffen. Als ich im Jahr 1134 endlich zum Markgrafen der Nordmark ernannt wurde, war ich im Besitz der ererbten Allodialgüter meiner Familie und eines Rechtstitels für die ostelbischen Gebiete.

Als Besitz östlich der Elbe konnte ich zu diesem Zeitpunkt lediglich die Zauche als Patengeschenk von Fürst Pribislaw/Heinrich von Brandenburg reklamieren. Für die kurze Zeitspanne von 1138 bis 1142 hatte ich sogar das Herzogtum Sachsen inne, das verlor ich aber schnell wieder, weil der König meinen Konkurrenten Heinrich

Allodialgüter
Allodialgüter sind die Besitztümer, die einer Familie direkt gehörten. Im Gegensatz dazu konnten sie eine Reihe von Lehensgütern erwerben, das heißt Besitztümer, die dem Landesherrn gehörten und von diesem unter bestimmten Bedingungen und gegen Abgaben an die Adligen verliehen wurden. Während Lehensgüter auch wieder an den Landesherrn zurückfallen konnten, beispielsweise weil das Familienoberhaupt verstarb oder in Ungnade gefallen war, waren Allodialgüter unangreifbarer Besitz der Familie, auf dem sie nach eigenem Gutdünken schalten und walten konnte.

den Löwen für sich gewinnen wollte und mich ausstach. Ob das nur an ihrer Verwandtschaft lag? Von da an richtete ich mein Augenmerk auf das Gebiet östlich der Elbe, weil es mir eine Ausweichmöglichkeit bot, nachdem meine Positionierung in Sachsen gescheitert war. Meine Teilnahme am »Wendenkreuzzug« im Jahr 1147 sollte die Sache beschleunigen. Eigentlich war das gar kein Kreuzzug, denn die meisten Gegenden, in die wir kamen, waren schon längst christianisiert. Es passte aber gut in die Zeit, unser Unternehmen so zu nennen. Außerdem wollte ich natürlich Heinrich den Löwen im Auge behalten, der mit seinem Gefolge ein Teil des »Kreuzzugs« war.

In den 20 Jahren zuvor hatte ich unterschiedliche Versuche unternommen, meine Herrschaftsposition auszubauen. Dafür bin ich überall im Reich unterwegs gewesen und habe an vielen wichtigen Versammlungen teilgenommen. In diesem Zusammenhang trete ich als Zeuge in vielen Urkunden in Erscheinung. Die Brandenburg hat mich zu dieser Zeit noch gar nicht besonders interessiert, da ich mir noch Hoffnungen an anderer Stelle machen konnte. In der Brandenburg rammte ich nur meine Siegesfahne zur Markierung in die Erde, als ich sie im Jahr 1157 endgültig übernehmen konnte. Ich blieb nicht lange dort, weil ich wegen verschiedener Reichsangelegenheiten und Konflikte in und mit Sachsen schnell weiterreisen musste. Die meiste Zeit verbrachte ich in diesen Jahren also nicht östlich der Elbe, sondern im Reich.

Um meinen Glauben und die Kirche als Institution zu stärken, unternahm ich im Jahr 1158 eine Reise in das Heilige Land. Der Reisezeitpunkt war allerdings unglücklich gewählt, denn die Verhältnisse auf der Brandenburg und im Umland waren noch nicht sehr stabil.

Wegen der Pilgerreise habe ich mich um die Besiedlung der neu erworbenen Gebiete jenseits der Elbe nicht sonderlich gekümmert – ein Versäumnis, für das meine Söhne später herhalten mussten. Mein Interesse galt in erster Linie meinen Herrschaftsgebieten im Harzvorland und in der Altmark sowie der Absicherung meiner Stellung im Reich. Mit der Übernahme der Brandenburg schuf ich eine günstige Ausgangslage für die Erweiterung einer Herrschaft über das Land, die mein Sohn Otto gut nutzte, nachdem er mein Erbe in Ostelbien geworden war.

Markgraf Otto I. (1157–1184)

Brakteat mit dem Abbild von Otto I. von Brandenburg, Sohn und Nachfolger Albrechts des Bären

Ich bin Otto, der erste Markgraf in meiner Familie und ältester Sohn von Albrecht dem Bären. Von meinem Vater übernahm ich kein einfaches Erbe. Ich bekam die Allodialgüter im Balsamland, in Salzwedel und in der Altmark sowie die Ansprüche auf eine Markgrafschaft Brandenburg, die auf Reichsebene weder territorial formuliert noch anerkannt war. Damit verfügte ich über punktuelle Herrschaftsrechte westlich und östlich der Elbe. Schon zu Lebzeiten meines Vaters beteiligte er mich an der Ausübung der Herrschaft. Eine bessere Ausbildung für mein zukünftiges Amt wäre nicht denkbar gewesen. In den neu gewonnenen Gebieten wurde mir seit dem Jahr 1157 die Ausübung der Herrschaft sogar schon ganz allein überlassen. Die Brandenburg unterstand in dieser Zeit jeweils zur Hälfte dem Reich und damit einem Burggrafen sowie dem Bischof, weswegen ich mich dort nur zeitweilig aufhalten konnte. Das war aber auch ausreichend, weil ich sehr häufig mit Reichsangelegenheiten beschäftigt war und deswegen gar nicht meine gesamte Zeit dem neuen Herrschaftsgebiet östlich der Elbe hätte widmen können. Ich versuchte aber, dort regelmäßig nach dem Rechten zu sehen und meine Ansprüche zu verstetigen.

Ein wichtiger Schritt hierfür war die Gründung des Zisterzienserklosters in Lehnin auf dem Gebiet der Zauche – also auf meinem Allodialbesitz. Dieses Land war das Taufgeschenk meines Paten Fürst Pribislaw/Heinrich. Die Idee zur Klostergründung hatte ich mir von Erzbischof Wichmann von Magdeburg abgeguckt, der in solchen Dingen immer sehr fortschrittlich agierte. Ungefähr zur gleichen Zeit, so um 1180, veranlasste ich auch die Gründung der Neustadt in Brandenburg, ebenfalls auf Allodialgut, sodass ich hier von nun an ein festes Haus hatte, in dem ich mich aufhalten konnte, wenn ich in der Gegend war.

Brakteaten
Brakteaten sind Hohlmünzen, die aus einem sehr dünnen Blech geschlagen werden, das nur von einer Seite geprägt werden kann. Sie kamen in der Mitte des 12. Jahrhunderts als Zahlungsmittel in Mode und wurden bis ins 14. Jahrhundert hinein verwendet. Um das Jahr 1150 waren sie also sehr modern.

Zwischen 1157 und 1184 ließ ich darüber hinaus einige sehr schöne Brakteaten in Brandenburg herstellen, die ein sehr gutes Werbemittel waren. Jeder, der einen Brakteaten mit meinem Bild in der Hand hielt, wusste, wer hier der Herrscher war. Das war ich meinem Vater schuldig, der mir dieses Erbe in der Hoffnung überlassen hatte, dass ich damit den Ruhm und das Ansehen unserer Familie mehre. Von der Brandenburg aus versuchte ich, nördlich und nordöstlich der Havel Land dazuzugewinnen. In diesem Zusammenhang bauten wir mehrere Befestigungen und militärische Stützpunkte entlang der Havel-Finow-Linie auf. Dazu gehörten die Orte Bötzow (Oranienburg), Biesenthal, Finowfurt, Eberswalde, Oderberg und Hohenfinow. Bis vor Kurzem war die ganze Gegend mehr oder weniger dicht von Slawen besiedelt gewesen. Die Zukunft wird zeigen, ob es mir gelingt, hier auch Leute aus dem Reich anzusiedeln.

Jacza von Köpenick (vor 1125–1176)

Ich führe den Namen Jacza von Köpenick. Zu meiner Zeit gibt es noch keine feste Schreibweise für Wörter und deshalb sind im Westen viele unterschiedliche Varianten meines Namens im Umlauf. Das passt dazu, dass man mich lange nicht richtig ernst genommen hat. Offenbar traute niemand im Reich einem slawischen Fürsten zu, erfolgreich zu herrschen. Die denken wahrscheinlich immer noch, dass wir »Eingeborenen« zu so etwas gar nicht in der Lage sind. Dabei stamme ich aus einer Familie, die schon seit Langem im Dahme-

Spree-Gebiet ihren Herrschaftsmittelpunkt hat. Ich gehöre zu der Gruppe slawischer Fürsten, die sich zwar im Schatten des Reichs, aber dennoch weitgehend selbstständig im Raum zwischen Elbe und Oder behaupten können.

In der Zeit von 1140 bis in die 1160er-Jahre habe ich mir eine respektable Stellung in Köpenick aufgebaut, die von niemandem infrage gestellt wird. Als getaufter Christ und Fürst habe ich mit den in meinen Kreisen üblichen Mitteln der Herrschaftsrepräsentation, der Gebietserwerbungen durch Heirat, politische Bündnisse und Verhandlungen, Krieg sowie im günstigsten Falle Erbschaften versucht, meinen Herrschaftsbereich nicht nur zu festigen, sondern noch zu erweitern. Ich denke, dass ich darin niemandem nachstehe. Eine Sache ging allerdings reichlich schief und brach mir fast das Genick. Die Rede ist von meinen Ansprüchen auf die Brandenburg, die mir – rein rechtlich gesehen – als Verwandtem des Fürsten Pribislaw/Heinrich zustand. Nach seinem Tod gelang mir zwar kurzzeitig die Durchsetzung meines Erbanspruches gegen Albrecht den Bären. Doch war diesem Zustand keine Dauer beschert. Einige Zeit nach Inbesitznahme der Brandenburg verlor ich sie im Jahr 1157 wieder an meinen Rivalen – und diesmal endgültig. Ich frage mich bis heute, ob da Verrat im Spiel war.

Brakteat, Münze mit Abbild des Jacza von Köpenick; der Palmzweig verweist auf die Fahrt nach Jerusalem.

Seitdem orientiere ich mich wieder stärker Richtung Osten. Das liegt auch nahe, weil ich um das Jahr 1145 herum die Tochter des polnischen Magnaten Peter Wlast (Piotr Włostowic) geheiratet habe. Hochzeiten sind ein probates Mittel, um politische Kontakte zu festigen. Ein gutes Einvernehmen mit meinen östlichen Nachbarn ist für mich im Spree-Dahme-Gebiet sowieso immer wichtig, weil das benachbarte Land Lebus unter großpolnischer Herrschaft steht. Durch meine Heirat bin ich in ein weitreichendes Geflecht politischer und ökonomischer Verbindungen eingetreten, die mir nach dem Misserfolg auf der Brandenburg zugutekamen.

Aber auch schon früher habe ich von dieser Heirat profitiert. Ich konnte es mir damals leisten, an meiner Burg Köpenick bauliche Veränderungen vornehmen zu lassen. Ab Mitte der 1140er-Jahre konnte ich mich verstärkt mit der Festigung und dem Ausbau meines Herrschaftsgebietes beschäftigen – es schien sich alles bestens zu entwickeln. Nicht nur zu meinen östlichen Nachbarn hatte ich über die eheliche Verbindung gute Beziehungen geknüpft. Auch an meiner Integration in die Sphäre des Imperiums war ich weiterhin interessiert. Die guten Kontakte zum Erzbistum Magdeburg halfen mir dabei.

Ich kann wohl mit Fug und Recht sagen, dass ich mich in den 1150er-Jahren auf dem Höhepunkt meiner Herrschaft befand. Mein Einflussbereich erstreckte sich bis zum Spreeübergang bei Stralau und wer in der Berliner Gegend etwas anfangen wollte, der kam um meine Einwilligung oder Beteiligung nicht herum.

Um meine Herrschaft über die Grenzen Köpenicks bekannt zu machen, setzte ich als erster Fürst östlich der Elbe überhaupt auf ein modernes Medium: Brakteaten! Ein sehr modernes Kommunikationsmittel. Mit meinen Brakteaten habe ich den Namen Köpenick und meine Herrschaft dort weithin bekannt gemacht. Es ist mir wichtig, mit meinem Münzporträt zu zeigen, dass ich als Slawe geboren bin, aber dennoch die kulturellen Fortschritte aus dem Westen erkannt und übernommen habe. Darum trage ich auf den Münzen die typische slawische Barttracht und zeige mit dem Palmzweig in meiner Hand zugleich, dass ich als Christ eine Fahrt ins Heilige Land unternommen habe. Mit der Herstellung und Verbreitung dieser Münzen nutze ich nicht nur ein modernes Mittel der Herrschaftsrepräsentation, sondern verleihe Köpenick damit zugleich politische und wirtschaftliche Bedeutung. Die Brakteaten wirken außerdem integrativ, weil sie an die im Reich übliche Geldwirtschaft anknüpfen, während bei meinen Leuten noch immer das Gewicht des Geldes von entscheidender Bedeutung ist. Aber die Sache mit dem Hacksilber ist mir wirklich zu unsicher und scheint mir auch ein wenig rückständig zu sein.

Alles lief bestens, bis sich im Jahr 1157 das Blatt wendete. In diesem Jahr unterlag ich im Ringen um die Brandenburg. Als wäre ich hierdurch nicht schon genug gestraft, starb im selben Jahr auch noch mein einziger Sohn und Erbe. Damit verlor ich mein Interesse am Köpenicker Raum und wandte mich verstärkt den polnischen Gebieten zu, in denen ich durch meine Ehe Ansprüche erworben hatte. Einen Abschluss fand mein herrschaftliches Handeln mit den Verhandlungen des Jahres 1168, als ich mit den Herzögen von Pommern meine Erbfolge für Köpenick regelte. Ich wollte mit diesem Ort endgültig abschließen. Dass die Herzöge in den 1180er-Jahren nur kurz in den Besitz der Burg kommen würden, um sie gleich wieder an die Markgrafen von der Ostmark/Lausitz zu verlieren, konnte ich damals nicht ahnen.

Was können wir nun aus diesen Berichten für den Siedlungsbeginn in Berlin und Cölln ableiten?

Albrecht der Bär orientierte sich in Richtung des Reichs. Erst seine Söhne und später seine Enkel konzentrierten sich auf die Herrschaft im Berliner Raum. Otto I. bemühte sich zwar um den Ausbau seiner Herrschaft, orientierte sich dabei aber zunächst Richtung Pommern und Ostsee. Jacza festigte seine Herrschaft zur Mitte des 12. Jahrhunderts rund um Köpenick. Erst Ende der 1160er-Jahre orientierte er sich Richtung Polen und konzentrierte sich dort auf den Ausbau seiner Einflusssphäre. Erzbischof Wichmann schließlich war fortwährend im Gebiet zwischen Elbe und Oder aktiv und baute die magdeburgische Herrschaft systematisch aus. Insofern kann man die Markgrafen von Brandenburg als Initiatoren für die Gründung von Cölln und Berlin zunächst ausschließen. In der Mitte des 12. Jahrhunderts kommen nur Jacza von Köpenick oder der Erzbischof von Magdeburg für diese Rolle infrage, falls die Gründungen nicht ganz und gar durch Kaufleute in Gang kamen. Die Markgrafen konnten erst einige Zeit später Einfluss auf das spätere Stadtgebiet nehmen. Dies findet dann seinen Niederschlag im Ausbau beider Städte ab etwa 1220, wie er in den Schriftquellen und vor allem archäologisch erkennbar ist.

Poststraße

Kapitel 3
Die Entstehung der beiden Siedlungen

Wenn von den Anfängen der Siedlungen am Spreepass die Rede ist, werden Berlin und Cölln häufig als Doppelstadt bezeichnet. Oft wird Cölln gar nicht erwähnt, sondern einfach mitgemeint, weil man die mittelalterlichen Gegebenheiten für zu kompliziert hält. Eine Doppelstadt Berlin/Cölln gab es aber nie, es gab nur Cölln *und* Berlin. Beide Orte wurden nach dem, was wir heute wissen, unabhängig voneinander gegründet und mit eigenen Räten, Verwaltungen und Gerichtsbarkeiten ausgestattet. Um die Mitte des 12. Jahrhunderts entstanden sie zeitgleich an beiden Ufern der Spree. Die Zeitgenossen nannten beide Orte stets nur mit ihrem Eigennamen – ein historisches Verständnis einer Zusammengehörigkeit beider Siedlungen ist nirgends belegt. Die Vorstellung einer Doppelstadt ist vielmehr Ausdruck des modernen Verständnisses der komplexen und regionalspezifischen Handlungsbedingungen während des mittelalterlichen Landesausbaus. Um diese zu rekonstruieren, muss man genauer hinschauen.

Die Nikolaikirche als älteste Kirche Berlins wurde im Krieg zerstört und bis 1987 wieder aufgebaut.

Die beiden Siedlungen kooperierten früh, im Jahr 1309 gab es sogar mal ein gemeinsames Rathaus auf der Langen Brücke. Als Lange Brücke wurde damals die Brücke am Stadtschloss bezeichnet. Das Schloss gab es zu der Zeit noch nicht, wohl aber die Brücke. Sie war neben dem Mühlendamm der zweitwichtigste Spreeübergang. Erst als die Bevölkerungszahl weiterwuchs und ab Mitte des 17. Jahrhunderts immer mehr städtische Verwaltungseinheiten entstanden (neben Cölln und Berlin auch Friedrichswerder, Dorotheenstadt und Friedrichstadt), verfügte König Friedrich I. schließlich im Jahr 1709 die Vereinigung der fünf Städte zur Haupt- und Residenzstadt Berlin.

Eine bis in aktuelle Schulmaterialien verbreitete, aber trotzdem falsche Behauptung ist, dass Berlin und Cölln aus dörflichen Siedlungen hervorgingen, die sich zu Städten entwickelten. Wenn wir uns das mittelalterliche Berlin und Cölln um 1150 vorstellen, dann waren das zwar gewiss zwei eher beschaulich wirkende Siedlungen beid-

Fiktiv gestaltete Personen der frühen Stadtgeschichte von der Siegesallee in der Zitadelle Spandau

seits des Flusses Spree, die aber von Anfang an als größere Zentren konzipiert waren. Sie entstanden also nicht allmählich und ungeplant aus bäuerlichen Siedlungen. Die Ortsgrenzen waren von vornherein festgesetzt und abgesteckt, wie auch die Straßenverläufe und Parzellen, doch längst nicht alle Grundstücksflächen waren anfangs bereits bebaut. Wir sehen eine derartig geplante städtische Anlage zum Beispiel im Ort Freyenstein in Brandenburg, wo die Ansiedlung im Mittelalter aus ungeklärten Gründen nicht zum erhofften Erfolg führte und deshalb bald aufgegeben wurde. Der gleichnamige Ortsteil von Wittstock wurde später daneben neu angelegt.

Die Spree bildete in der Anfangszeit der Siedlungen Berlin und Cölln den Hauptverkehrsweg. Man muss die Siedlungsentstehung von den Wasserwegen aus denken. Die schiffbaren Flüsse bildeten über Jahrhunderte die natürlichen Verkehrswege durch die junge Mark Brandenburg, wie schon zuvor in slawischer Zeit. Sie dienten dem Lasten- und Warentransport. Noch bei den großen Stadterweiterungen Berlins während der Gründerzeit spielten die Kanäle, über die Baumaterial in Massen herangeschafft werden konnte, eine zentrale Rolle. Über diese Wasserstraßen waren das mittelalterliche Berlin und Cölln sowohl mit Köpenick und Spandau als auch mit dem angrenzenden Territorium verbunden. Berlin und Cölln liegen ungefähr auf der Hälfte der Wasserstrecke zwischen Köpenick und Spandau. Durch die hier um 1150 gebildeten Märkte Krögel und Cöllnischer Fischmarkt verkürzte sich der Weg für die Spandauer und Köpenicker Händler oder Handwerker jeweils um die Hälfte. So profitierten die Orte Berlin und Cölln von Steuern, Zöllen und Zinsen, die auf den Verkauf und auf viele Waren fällig wurden. Von Südosten kamen über die Spree die Waren aus der Lausitz und dank des Stapelrechts, das auch Niederlagsrecht genannt wurde und von dem heute noch der Straßenname Niederlagstraße herrührt, mussten die Waren am Berliner Krögel angelandet und zum Verkauf angeboten werden. Selbstverständlich wurden auch Rohstoffe umgeschlagen und neue Waren eingehandelt. Der Weitertransport erfolgte in Fließrichtung der Spree nach Nordwesten beziehungsweise ab Spandau nach Westen.

Der nächste flussabwärts gelegene Hafen war Spandau, und von da aus kam man nach Brandenburg und weiter über die Elbe nach Hamburg. Deswegen wurde auch Hamburg zu einem sehr wichtigen Handelspartner und Umschlagplatz für Berliner und Cöllner Händler. Aus Berlin und Cölln wurden hauptsächlich Getreide und geschnittenes Eichenholz als Baumaterial exportiert. Hamburg hatte daran besonders großen Bedarf, weil zu dieser Zeit der Hafen ausgebaut wurde.

Der Handel mit der Hafenstadt lief zu großen Teilen als Kreditgeschäft. Das ist bekannt, weil dazu ein schriftliches Dokument vorliegt, das sogenannte Hamburger Schuldbuch, welches im Jahr 1288 angelegt wurde. Es verzeichnet 86 Kreditgeschäfte von Berliner und Cöllner Händlern in der Zeit zwischen 1288 und 1297. Die Gesamtsumme der damals von Berliner und Cöllner Kaufleuten getätigten Geschäfte betrug 4569 Mark Silber. Umgerechnet entspräche das nach marktaktuellem Silberwert einer Summe von 700 000 Euro. Dieser Betrag ist unvorstellbar groß für mittelalterliche Verhältnisse. Wenn man ihn auf zehn Jahre verteilt, ergibt sich ein Jahresumsatz von circa 70 000 Euro pro Jahr für Geschäfte mit Hamburg. Man kann davon ausgehen, dass nicht alle Geschäfte in dem Schuldbuch verzeichnet wurden, weil es sicher auch Bargeschäfte gegeben hat. Der Umsatz zeigt im übertragenen Sinn, dass zu dieser Zeit Silber von Hamburg nach Berlin strömte. Das märkische Getreide wurde auch direkt nach Flandern verhandelt und von dort zurück kam Tuch. Mit dieser Finanzkraft im Rücken erwuchsen die Kaufleute zu einer sehr

Der Berliner Krögel kurz vor dem Abriss auf einer Postkarte mit Stempel vom 20.7.1901

einfluss- und handlungsfähigen Bevölkerungsgruppe in Berlin und Cölln und sie dominierten dementsprechend auch die Räte.

Berlin

Wie können wir uns das Gebiet, das heute Berlin ist, um das Jahr 1150 vorstellen? Im Bereich des heutigen Tiergartens und in der Oranienburger Straße gibt es Fundstellen von Keramik und auch Siedlungsbefunde, die darauf schließen lassen, dass hier zu jener Zeit Menschen lebten. Außerdem gab es einen Hof Wedding sowie eine ganze Reihe Dörfer am nördlichen Spreeufer, die offenbar aufgegeben wurden, als die Siedlung Berlin gegründet wurde. Im gesamten Nordosten des mittelalterlichen Berlins entstanden im Zeitraum von etwa 1000 bis 1300 vielerlei Siedlungen – teils schon in slawischer Zeit (ca. 550 bis 1080), teils in der ersten Hälfte des 13. Jahrhunderts. Es ist davon auszugehen, dass es zu Kontakten zwischen den alteingesessenen Siedlern und den Neuankömmlingen kam. Anscheinend erfolgte der Übergang nahtlos, denn eine Unterbrechung in der Siedlungstätigkeit ist archäologisch nicht festzustellen. Schriftzeugnisse dazu sind nicht überliefert.

Besonders interessant erscheinen in diesem Zusammenhang die Dörfer Wedding, Blankenburg, Treptow und Stralau. Es könnte sein, dass der Einfluss des Erzbischofs von Magdeburg bis in den Bereich von Wedding hineinreichte. Einen Magdeburger Ministerialen gab es hier offenbar bis ins Jahr 1240.

Ministerialen

Ministerialen waren ursprünglich Unfreie. Sie wurden besonders gern für Verwaltungsaufgaben eingesetzt, da sie finanziell allein von ihrem Herrn abhängig waren und somit nicht die Gefahr bestand, dass sie mit der Verwaltung einer Ortschaft ihren eigenen Besitz zu erweitern trachteten. Später wurden sie von ihrem Herrn oft mit einem kleinen Lehen ausgestattet. Daraus entwickelte sich der Ritterstand.

Im Jahr 1251 fiel der Ort dann wohl wüst, das heißt, er wurde aufgegeben. Die Weddinger Mühle und die Feldmark, also die für die Versorgung des Ortes Wedding landwirtschaftlich genutzten Flächen, gingen später an Spandau und Berlin. In Wedding gab es zu dieser Zeit eine kleine Turmhügelburg oder zumindest einen befestigten Hof, in dem der Magdeburger Dienstmann wohnte. Es war damals üblich, eine Hofstelle oder einen Wohnturm zu nutzen, die man im Angriffsfall gut verteidigen konnte. So schützte man sich selbst und auch die Nahrungsvorräte. Der Wohnturm hatte den Zugang weit über Kopfhöhe und war über eine Leiter zu erreichen, die im Angriffsfall eingezogen wurde. In Wedding lässt sich nicht mehr zweifelsfrei erkennen, um welche Art von Anlage es sich genau handelte.

Im Ort Blankenburg befand sich eine slawische Befestigung mit einer kleinen Vorburgsiedlung, von der vermutet wird, dass sie genauso zum Köpenicker Herrschaftsbereich Jaczas gehörte wie die Burg oder der befestigte Ort Treptow und die Siedlung Stralau. Stralau und Treptow liegen sich genauso wie Cölln und Berlin gegenüber. Auch hier befand sich ein Übergang über die Spree, der vermutlich Anschluss an einen Fernhandelsweg hatte. Dieser Bereich war etwa ab dem 9. Jahrhundert slawisch besiedelt.

Schon im 7. Jahrhundert lassen sich anhand archäologischer Grabungen slawische Siedlungen in Kaulsdorf und Mahlsdorf nachweisen. Der Berliner Norden war in der zweiten Hälfte des 12. Jahrhunderts hauptsächlich entlang der Flüsse – Spree, Havel, Nuthe, Panke und Wuhle – besiedelt, wenn auch wohl nicht sonderlich dicht. Die Flüsse waren Lebensadern. Sie ernährten die Menschen und dienten ihnen als Transportwege. Die hier ansässigen Slawen betrieben zumeist Landwirtschaft. Sie bauten Roggen, Gerste und Hirse an und hielten Tiere. Man muss sich vorstellen, dass es neben größeren Orten auch Weiler und Einzelhöfe gab. Wahrscheinlich ging die Initiative zur Anlage der Orte von den Slawenburgen Spandau und Köpenick aus. Diese beiden Burgsiedlungen waren sicher auch wichtige Anknüpfungspunkte für die aus dem Reich in den Berliner Raum vordringenden Neusiedler, die sich um 1150 am Berliner Spreepass niederließen.

Nicht lange danach fielen viele Dörfer im Umkreis von Cölln und Berlin wüst. Es ist anzunehmen, dass deren Bewohner zumindest teilweise nach Berlin und nach Cölln zogen, um in diesen aufstrebenden Marktorten ihren Lebensunterhalt zu bestreiten. Die flächendeckende Besiedlung der Hochflächen, auf Berliner Seite also des Barnim, erfolgte dann ab dem ersten Drittel des 13. Jahrhunderts.

Wüstung

Als Wüstung bezeichnet man Dörfer oder Städte, die von ihren Bewohnern verlassen und aufgegeben wurden. Hierfür konnte es ganz unterschiedliche Gründe geben. Bekannt ist der Vorgang vor allem aus der Zeit der großen Pestwellen, als große Teile der Bevölkerung starben und die Dörfer dadurch verödeten. Aber auch vorher kam es oft zum Wüstfallen ganzer Ortschaften, wenn beispielsweise die Ernährung wegen schlechter Bedingungen nicht mehr gesichert war. Auch Kriegszüge konnten dazu führen, dass ein Ort vollständig aufgegeben wurde. Im Hochmittelalter kam es außerdem zur Landflucht in die aufblühenden Städte. Diese sogen die umliegenden Dörfer auf.

Der gesamte Berliner Raum war Mitte des 12. Jahrhunderts bereits flächig aufgesiedelt. Das bedeutet allerdings nicht, dass damit auch die herrschaftliche Durchdringung einherging. In dieser Frage muss man zwischen den verschiedenen Akteuren sorgfältig unterscheiden. Die Aktivitäten von Kaufleuten und anderen Siedlern richteten sich schon längst auf den Berliner Raum, als die Fürsten noch mit der Klärung von Machtfragen beschäftigt waren (siehe Kapitel 2). Die Händler schufen mit ihren Pionier-Niederlassungen neue Absatzmärkte und Produktionsorte und somit Optionen für die Zukunft, an die von herrschaftlicher Seite angeknüpft werden konnte. Man darf sich bei der Entstehung von Berlin und Cölln also keinesfalls die Eroberung eines menschenleeren Gebiets vorstellen.

Talsandinseln

Talsandinseln sind eiszeitliche Gebilde. Berlin und Cölln liegen geologisch gesehen im Warschau-Berliner-Urstromtal. Diese Landschaft entstand während der jüngsten Phase der Eiszeit (Weichsel-Kaltzeit ca. 115 000 bis 9 700 v. Chr.). Als das Eis abschmolz, bildete sich durch den Abfluss des Schmelzwassers eine Rinne in der Grundmoräne, die Berlin heute als Hochflächen nordöstlich (Barnim) und südwestlich (Teltow) flankiert. Als das Wasser sich in den Sand eingrub, blieben einzelne Bereiche stehen, die Talsandinseln. Auf diesen natürlichen Höhenlagen konnte man trockenen Fußes siedeln und genau solche Plätze bevorzugte man im Mittelalter, um das damals wichtigste Gebäude auf den Kuppen solcher Anhöhen zu errichten – die Kirche. Dadurch war das Gotteshaus vor Hochwasser geschützt, auch weithin zu sehen und näher am Himmel.

Wie stellte sich die Situation auf den Berliner Talsandinseln und in ihrer nächsten Umgebung dar?

Anders als bisher angenommen, finden sich auch im direkten Bereich der späteren mittelalterlichen Stadt schon bronzezeitliche sowie früh- und mittelslawische Siedlungsspuren. Bisher konnten für das Gebiet der Burgstraße/Heiliggeistspital, der Rathausstraße, der Poststraße sowie für den Vorplatz der Nikolaikirche Funde vorgelegt werden, die Siedlungsspuren vom 6. bis zum 12. Jahrhundert belegen, ohne dass damit eine dauerhafte Besiedlung vorauszusetzen ist. Im Bereich der heutigen Burgstraße konnte ein mittelslawisches Gehöft anhand von Siedlungsgruben und zahlreichen, typisch kammstrichverzierten Keramikfunden nachgewiesen werden. Bei einer

Die mittelalterliche Heiliggeistkapelle in der Spandauer Straße diente als Hospitalkirche

Grabung im Bereich der Heiliggeistkapelle selbst wurden als älteste Spuren bronzezeitliche Scherben entdeckt. Das Gelände des Heiliggeistspitals wurde etwa ab der Mitte des 13. Jahrhunderts genutzt. Im Bereich der heutigen Rathausstraße (früher Königstraße und vorher Oderberger Straße) wurden Spatenspuren entdeckt, die aus mittelslawischer Zeit stammen – ein weiterer Hinweis auf die Nutzung des Geländes als Kulturland.

Die Kuppe der Talsandinsel auf der östlichen Seite der Spree wurde Mitte des 12. Jahrhunderts als Standort einer Kirche ausgewählt. Sie wurde Nikolaus, dem Heiligen der Seefahrer und Kaufleute, gewidmet. Um die Nikolauskirche herum wurde zugleich ein Begräbnisplatz angelegt. Die Gegend um die Kirche führte damals bereits den Namen »Berlin«, ein sogenanntes Toponym.

Toponym
Ein Toponym ist der Name eines Ortes, der zugleich dessen Beschreibung enthält, im Fall von Berlin also die Beschreibung als sumpfige Gegend. Im weiteren Sinne ist die Toponymie ein Teil der Onomastik, also der Ortsnamenkunde.

Die Bedeutung des Namens wird im Allgemeinen von dem slawischen Wort -brl (berlo) für Sumpf oder sumpfige Stelle abgeleitet. Dass dieser Ort einen tradierten Namen hatte, beweist, dass er durch spezielle Eigenschaften aus seiner Umgebung herausstach – hierbei ist vielleicht an eine jahreszeitlich passierbare Furt in der Spree zu denken.

Der Name »Berlin« ist keineswegs einzigartig, sondern findet sich etliche Male sowohl östlich als auch westlich der Elbe bis hinauf nach Flandern. Als Beispiele sind der große und der kleine Berlin bei Halle zu nennen oder die Stadt Northeim im Harz, bei der sich ein Platz mit dem Namen »Berlin« findet. Außerdem gibt es die Wüstung Berlinchen (Lausitz).

Das Innere der Nikolaikirche wurde erstmals in den 1940er-Jahren vom damaligen Landeskonservator Walter Peschke archäologisch untersucht. Peschke entdeckte die Reste einer steinernen Basilika unter der uns bekannten Backsteinkirche.

Basilika
Eine Basilika ist eine Bauform, die in der Antike entstand und ursprünglich für öffentliche Prachtgebäude verwendet wurde. In mittelalterlichen Kirchen erkennt man diese Form bis heute häufig. Augenfälliges Kennzeichen ist ein hohes Kirchenschiff mit zwei niedrigeren Seitenschiffen.

Hieran anknüpfend fand in der Ruine der Nikolaikirche von 1956 bis 1958 eine Forschungsgrabung unter Leitung von Erwin Reinbacher statt, bei der 72 Gräber gefunden wurden, die er als »vorstädtisch« bezeichnete, weil er davon ausging, dass die steinerne Basilika anlässlich der Stadtrechtsverleihung an Berlin und Cölln zwischen 1200 und 1250 erbaut worden war. Moderne Radiokarbondatierungen zeigen jedoch, dass die ältesten Gräber aus der Zeit um 1150

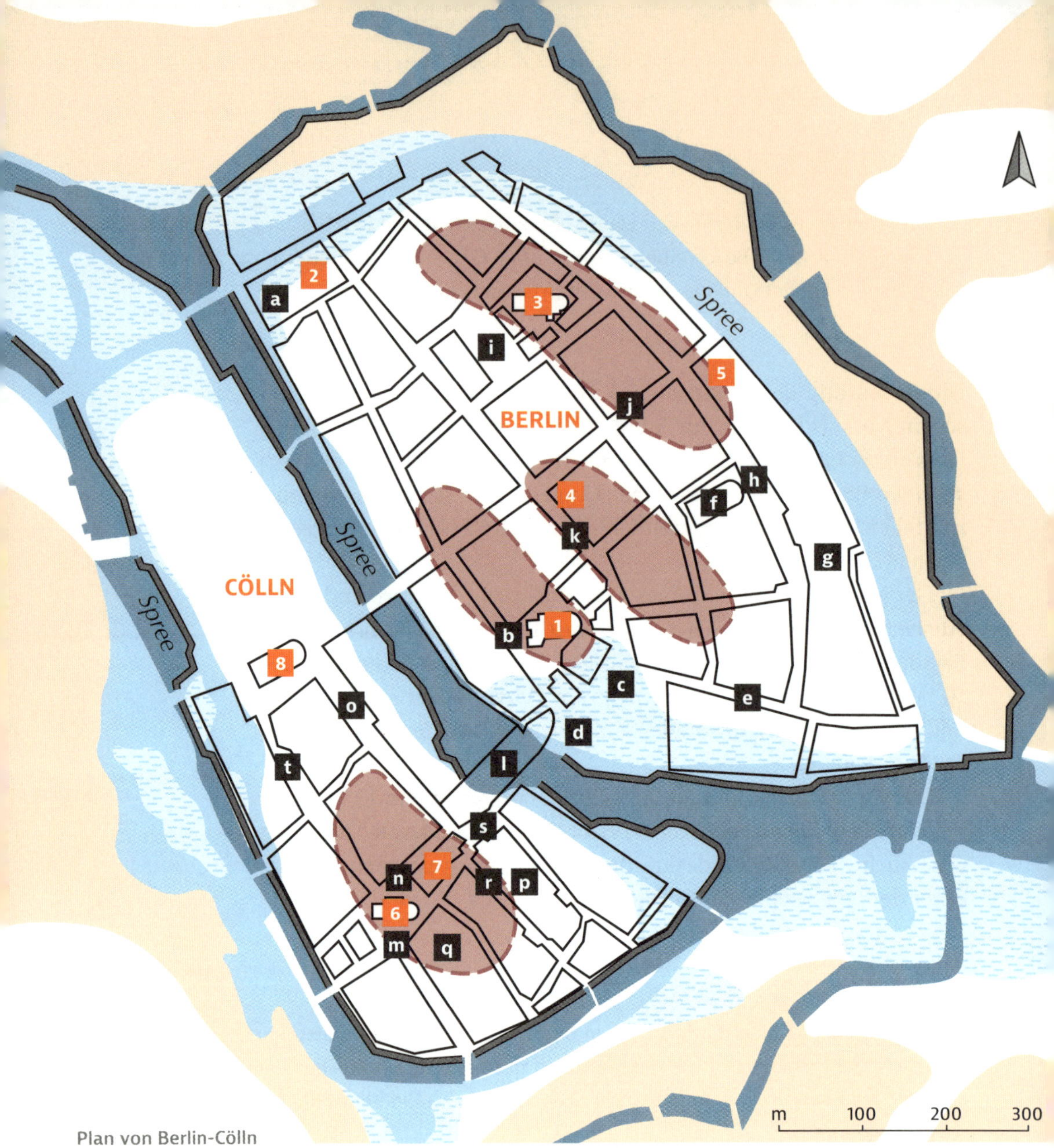

Plan von Berlin-Cölln

- Talsandkuppen
- Niedrung
- Alte Gewässer
- Wasserläufe der Neuzeit

1 Nikolaikirche
2 Heilig-Geist-Hospital
3 Marienkirche
4 Rathaus Berlin
5 Markgräfliches Haus
6 Petrikirche
7 Rathaus Cölln
8 Dominikanerkloster

a Burgstraße
b Nikolaisiedlung
c Molkenmarkt
d Krögel
e Stralauer Straße
f Franziskanerklosterkirche
g Podewilsches Palais
h Klosterstraße
i Mariensiedlung
j Oderberger Straße (später: Königstraße, heute Rathausstraße)
k Spandauer Straße
l Mühlendamm
m Petriplatz
n Scharrenstraße
o Breite Straße
p Südliche Spreeinsel
q Petristraße
r Rossstraße
s Fischmarkt
t Brüderstraße

stammen. Vielleicht ist die steinerne Basilika also älter als gedacht oder sie hatte einen kleineren Vorgängerbau. Reinbacher fand auch Gräber aus den späteren Phasen der Nutzung. Von 1980 bis 1983 wurden die archäologischen Arbeiten im Zuge der Neuerrichtung des Nikolaiviertels anlässlich der 750-Jahr-Feier Berlins unter Leitung von Heinz Seyer fortgesetzt. Seyer fand insgesamt 442 Gräber. Im Jahr 2004 erfolgte im Rahmen der Sanierung des Chors der Kirche eine archäologische Baubegleitung unter Leitung von Uwe Michas, bei der ebenfalls zahlreiche Skelette gefunden wurden. Alle Toten an der Nikolaikirche wurden in Ost-West-Richtung bestattet und folgen somit der Ausrichtung der Kirche. Viele Grabstellen zeigten die Spuren hölzerner Särge. Einige Beisetzungen erfolgten auch in Leichentüchern.

Der erste Kirchhof ging wohl nur wenig über den Grundriss der späteren Nikolaikirche hinaus. Aus der Dichte der Belegung ergab sich eine ungefähre Gesamtzahl von etwa 120 bis 150 Individuen aus vorstädtischer Zeit. Die in den 1980er-Jahren unternommenen anthropologischen Untersuchungen kamen zu dem Ergebnis, dass die meisten Verstorbenen lediglich ein Alter von 24 bis 28 Jahren (Frauen) beziehungsweise 36 bis 41 Jahren (Männer) erreicht hatten. Auffällig war das Fehlen von Personen der Altersgruppe über 60 Jahre. Kürzlich wurden erstmals Radiokarbondatierungen an den Gebeinen von fünf Toten aus der ältesten Schicht des Gräberfeldes durchgeführt. Vier von ihnen weisen sehr frühe Datierungsspannen auf, die von 1045 bis 1212 reichen. Man kann also davon ausgehen, dass an der Nikolaikirche ab etwa 1150 bestattet wurde. Das wiederum bedeutet, dass es die Niederlassung zu dieser Zeit bereits gab. Woher die frühen Berliner kamen und ob sich Alteingesessene und Neusiedler von Anfang an mischten, wissen wir nicht, weil entsprechende Schriftzeugnisse fehlen. Aber Isotopen-Untersuchungen an den menschlichen Gebeinen könnten zukünftig darüber Auskunft geben (dazu mehr in Kapitel 8).

Die ersten Bewohner hatten sich hier also um 1150 niedergelassen, sicher unter Duldung, wenn nicht gar aktiver Förderung durch Jacza von Köpenick, denn er war in dieser Zeit derjenige, unter dessen Einfluss das Gebiet stand. Es ist kaum vorstellbar, dass sich an dieser Stelle eine Siedlung gegen Jaczas Willen hätte durchsetzen können. Dennoch bleibt auch das eine Vermutung. Die junge Siedlung könnte, während der um 1179/80 entstehenden Bedrohung durch die

Kriegszüge der pommerschen Fürsten in Richtung Jüterbog, die den Berliner Spreepass womöglich tangierten, kurzzeitig verlassen worden sein. Über einen Pfarrer der Nikolaigemeinde ist für diese frühe Zeit nichts bekannt. Erst knapp 100 Jahre später trat Pfarrer Symeon von Cölln als erster namentlich bekannter Akteur ins Rampenlicht, der zugleich auch Propst von Berlin war.

Propst

Das Wort Propst ist von dem lateinischen Wort *praepositus* abgeleitet und bezeichnet einen Vorgesetzten. In der kirchlichen Hierarchie war der Propst Leiter eines Kirchensprengels und stand somit den Ortspfarrern vor. Er war vor allem für die äußeren Angelegenheiten seines Bereichs zuständig, das heißt er führte eventuell notwendige Verhandlungen mit den weltlichen Herren oder vertrat seinen Sprengel vor Gericht. Oft findet man auch die Bezeichnung Archidiakon. Hierarchisch stand der Propst zwischen dem Pfarrer und dem Bischof.

Cölln

Im Laufe des vergangenen Jahrhunderts geriet die einstige Existenz der Siedlung Cölln fast gänzlich in Vergessenheit. Nur in der Bezeichnung des Stadtteils Neukölln hat sich der Name kurioserweise erhalten, weil sich die Stadt Rixdorf bei Berlin, die als frivoler Vergnügungsort verschrien war, am Geburtstag von Kaiser Wilhelm II. am 27. Januar 1912 in Neukölln umbenannte. Die Folgen des Zweiten Weltkrieges und der Umbau Ost-Berlins zur Hauptstadt der DDR taten ihr Übriges, um auch die letzten materiellen Spuren der mittelalterlichen Stadt so gründlich auszulöschen, dass heute nahezu nichts mehr vorhanden ist, was an Cölln erinnern würde. Selbst das Stadtschloss wird Berliner Schloss genannt, obwohl es ab 1440 auf Cöllnischem Gebiet erbaut wurde. Dabei blickt Cölln auf rund 560 Jahre eigenständige Entwicklung zurück, immer von Angesicht zu Angesicht mit Berlin auf der gegenüberliegenden Spreeseite. Beide Städte verbanden naturgemäß vielfältige Beziehungen, es gab Phasen der engen Kooperation, oft genug aber auch Auseinandersetzungen zu bestimmten Themen wie zum Beispiel Reparationszahlungen bei Stadtbränden oder wirtschaftliche Isolation bei Pestausbrüchen. Die archäologischen Ausgrabungen der vergangenen Jahre, insbesonde-

Der Skulptur des Pfarrers Symeon von der Siegesallee im Tiergarten fehlt heute der Kopf.

Mittelalterliche Dorfkirche von Britz

re auf dem Petriplatz – einst der Kern der mittelalterlichen Stadt –, förderten zahlreiche Funde und Befunde zutage, die helfen werden, die Geschichte von Cölln wieder im allgemeinen Bewusstsein zu verankern.

Wie sah die Gegend südlich der Spree im 12. Jahrhundert aus? Man muss sich zu dieser Zeit eher dünn besiedelte Hochflächen und weiträumige Waldgebiete vorstellen, welche die slawischen Herrschaftsbereiche und Siedlungsbezirke voneinander abgrenzten. Entgegen bisherigen Annahmen kann auch für den Teltow nicht von einer Siedlungsleere ausgegangen werden, wie archäologische Ausgrabungen zeigen.

Die seit Beginn des 12. Jahrhunderts allmählich in diesen Raum eindringenden Siedler und Herrschaftsträger ließen die einstmals breiten Grenzzonen in einem langwierigen Prozess schmaler werden und trugen zu einer Umstrukturierung des Gebietes bei. In den 1950er-Jahren einsetzende archäologische Ausgrabungen halfen maßgeblich, den Werdegang einzelner hier gelegener Orte zu erhellen und konnten zeigen, dass sich die Siedlungsstruktur in dem Gebiet, das heute Teltow genannt wird, ab Mitte des 12. Jahrhunderts grundlegend zu verändern begann. So fanden sich auch hier, genauso wie auf der Berliner Seite am gegenüberliegenden Ufer, eine ganze Reihe von Dörfern, die bereits vor der Wende vom 12. zum 13. Jahrhundert bestanden hatten.

Ein Beispiel ist das ehemalige Dorf Britz südöstlich von Cölln. Auf einer alten Flurkarte findet sich in der Nachbarschaft des Ortes der Flurname »Dorfstelle«. Wegen hier gefundener Keramik, die in das ausgehende 11. und 12. Jahrhundert datiert wurde, geht man davon aus, dass das Dorf ursprünglich von Slawen bewohnt war, die nach Gründung des Ortes Britz im Rahmen des Landesausbaus dorthin übersiedelten. Bei der Gründung des Dorfes wurde eventuell nur der slawische Landschaftsname übernommen. Die Lage der Kirche auf einem ursprünglich von Wasser umgebenen Hügel erinnert an den Hof eines (klein)adligen Herrn, wie wir sie schon aus dem Wedding kennen oder wie sie im Behnitz bei Spandau zu finden war. Aus dem Nachweis slawischer Siedlungsspuren des 9./10. Jahrhunderts und wegen der Weiterbenutzung des Ortes mindestens seit dem frühen 13. Jahrhundert kann auf eine lange Nutzungsdauer geschlossen werden.

Weiter nordwestlich befand sich Wilmersdorf, wo es verschiedene Hinweise gibt, dass das Dorf unter magdeburgischem Einfluss stand. Gleichzeitig wird jedoch in einer Urkunde Albrechts des Bären aus dem Jahr 1155 ein Bernhardus de Wilmarstorp erwähnt, woraus sich schließen lässt, dass Bernhardus ein Vasall Albrechts war.

Slawische Funde wurden in Wilmersdorf nicht geborgen, sodass offenbleibt, ob sich vorher an dieser Stelle oder in der Nähe bereits eine Siedlung befunden hatte.

Für Lietzow/Lützow am südlichen Ufer der Spree, heute zu Berlin-Charlottenburg gehörig, konnte die Besiedlung ab dem 12. Jahrhundert nachgewiesen werden. In einer Schenkung an das Spandauer Nonnenkloster wird im Jahr 1239 das Dorf Lucene und ihm gegen-

Vasall
Ein Vasall ist der Lehensmann eines Herrschaftsträgers, der zwar nicht leibeigen war, aber seinem Herrn bestimmte Dienste schuldete. Oft wurden Vasallen gegen die Verleihung von Land oder Rechten für bestimmte herrschaftliche Aufgaben eingesetzt, denn der Landesherr konnte nicht überall sein und für Recht und Ordnung sorgen. Er delegierte also seine Herrschaft an einen Stellvertreter vor Ort, während er selbst durch das Herumreisen seine Präsenz im ganzen Land zeigen konnte.

über am anderen Ufer der Spree ein Dorf namens Kasemerswisch erwähnt. Nördlich von Lietzow scheint es einen befestigten Hof gegeben zu haben, wie er aus Britz und Wedding bekannt ist. Es ist auch hier aufgrund des Ortsnamens zu vermuten, dass es sich bei Lietzow um eine umgesetzte slawische Siedlung handelte.

Besonders sorgfältig untersucht wurde die im ersten Kapitel bereits erwähnte Dorfwüstung am Machnower Krummen Fenn, auf der heute das Museumsdorf Düppel steht. Diese Siedlung war mit einer doppelten Palisadenreihe befestigt, von der angenommen wird, dass sie als »Sperrriegel« zur Kontrolle des Warenverkehrs auf der Strecke Leipzig–Spandau diente. Wahrscheinlich wurde die Palisade um das Jahr 1170 gebaut. Die erste Siedlungsanlage stammte aus der Zeit um 1200 und wurde mit einer hufeisenförmigen Anlage überbaut. Dafür riss man die Palisade teilweise ab. Viele Häuser im Dorf waren Blockbohlenbauten, es fanden sich aber auch Grubenhäuser mit Flechtwerkwänden. Der Fund von Schläfenringen, einem typischen Bestandteil des Kopfschmucks slawischer Frauen, erhärtete den Verdacht, dass es sich hier um ein gemeinschaftlich von Slawen und Ostsiedlern angelegtes Dorf handelte. Die Siedlung bestand allerdings nur etwa 30 Jahre und wurde zwischen 1220 und 1230 offenbar aufgegeben. Lediglich zwei Häuser, die besonders gut ausgebaut waren, wurden wohl in einer dritten Ausbauphase errichtet. Sie bestanden noch über das Jahr 1230 hinaus weiter. Um 1220/30 wurde ganz in der Nähe der Ort Zehlendorf gegründet, wohin die Bewohner aus der Palisadensiedlung am Krummen Fenn vermutlich verzogen. Der Fund eines Reitersporns gab den Ausgräbern Anlass zu der Vermutung, dass es sich bei den letzten Bewohnern der großen Häuser um Angehörige des Ritterstandes gehandelt hatte. Vielleicht war das

Dorf zu einem bewachten Außenposten oder einer Pferdewechselstelle umgerüstet worden.

Die Wüstung am Machnower Krummen Fenn ist ein weiteres Beispiel dafür, wie kurzlebig Siedlungen zu Beginn des 13. Jahrhunderts sein konnten. Es waren infrastrukturelle Investitionen und es gab offenbar eine hohe Bereitschaft, die Siedlung zu verlegen oder aufzugeben, wenn sich der gewünschte wirtschaftliche Erfolg nicht einstellte. In Brandenburg ist die Stadt Freyenstein solch ein Beispiel. Hier wurde eine große städtische Siedlung mit gepflasterten Straßen und steinernen Kellern planmäßig angelegt und doch nach kurzer Zeit wieder aufgegeben.

Wir können in unserer Gegend gut nachvollziehen, dass die Siedler sich ganz allmählich vorwagten. Hier ergibt sich nicht das Bild einer weit vorausschauenden Planung, sondern eine kleinteilige Entwicklungsdynamik, die entsprechend den jeweiligen mikroregionalen Umständen verläuft.

Mittelsteinzeit

Die Mittelsteinzeit dauerte etwa von 9600 bis 5800 v.Chr. In der vorausgegangenen Altsteinzeit waren die Jäger den Rentierherden in jahreszeitlichen Wanderungen nachgezogen. Nach dem Abschmelzen des Inlandeises aber bewaldete sich Nordeuropa wieder und die Lebensbedingungen der Menschen verbesserten sich. Archäologisch sind aus dieser Zeit in unserer Gegend viele Steingeräte zur Fischerei oder zur Vogeljagd überliefert, aber auch einige Gräber.

Wie auf Berliner Gebiet, fanden sich auch im mittelalterlichen Cölln Spuren spätslawischer Nutzungen. Bei den Ausgrabungen am Petriplatz wurden Keramikscherben aus der Bronzezeit und der Völkerwanderungszeit gefunden sowie eine schöne Glasperle. Die Funde deuten darauf hin, dass die Ufer der Spree und deren Peripherie schon lange vor der Besiedlung im 12. Jahrhundert von in der Nähe lebenden Menschen frequentiert wurden. Aus einer Grube wurden außerdem Knochen von Pferden geborgen. Die Radiokarbondatierung dieser Knochen ergab, dass die Tiere zwischen 993 bis 1148 lebten. Weiterhin fanden sich bei Ausgrabungen in der Breiten Straße vereinzelt Scherben und Silexartefakte aus der Mittelsteinzeit. Auch Altfunde von bronzezeitlichen Urnengräbern sind von der Spreeinsel bekannt.

Dörfer des Templerordens

Es gibt eine rege Forschungsdebatte zur Entstehung der Dörfer Tempelhof, Mariendorf, Marienfelde und Rixdorf/Richardsdorf. Diese Dörfer gehörten dem Templerorden, dessen weltweites Agieren das Interesse und die Fantasie vieler Geschichtsinteressierter noch immer sehr bewegt. Die Templer haben allerdings kaum Bedeutung bei der Suche nach den Anfängen von Cölln. Wir wollen sie aber dennoch erwähnen, weil sie in dem uns interessierenden Zeitraum ortsanwesend waren. Für die Herbeirufung der Tempelritter kommen verschiedene Akteure in Betracht. Die Mehrzahl der Forschenden ist der Auffassung, dass die askanischen Markgrafen die Niederlassung dieses Ritterordens ermöglichten. Hier werden vor allem Otto II. oder Albrecht II. genannt und für die Niederlassung der Templer die Jahre von etwa 1184 bis 1220 als frühest denkbarer Zeitpunkt angesetzt. Andere Forscher sehen Herzog Heinrich den Bärtigen von Schlesien als Initiator, der im östlichen Teltow bis in die Mitte des 13. Jahrhunderts auf das Bistum Einfluss gehabt haben könnte. Als mögliche »Besteller« der Templer wurden auch der »dominus« Barnem von Pommern, Jacza von Köpenick, die »Wettiner«, also Markgraf Dietrich von Landsberg, oder die Grafen von Brehna und Erzbischof Wichmann von Magdeburg diskutiert.

Zeitlich fand die Ansiedlung der Tempelritter deutlich nach der Initialphase der Siedlungen Cölln und Berlin statt, sodass ein Zusammenhang in dieser Hinsicht nicht gegeben ist. Trotzdem ist es für das Gesamtbild der Vorgänge um die mittelalterliche Inanspruchnahme des Teltow interessant, weil hier viele gute Gründe gegen eine askanische Initiative sprechen. Insbesondere die Deutung der scheinbar in gerader Linie angelegten Templerdörfer als Mittel der Grenzsicherung erweist sich als problematisch, weil diese These moderne Gemarkungsgrenzen beziehungsweise spätmittelalterlich fixierte Parochialgrenzen zugrunde legt. Beides spielte im 12. Jahrhundert noch keine Rolle in dieser Gegend. Selbst zu Beginn des 13. Jahrhunderts waren die Machtkonstellationen im Teltow noch nicht eindeutig und es agierten verschiedenste Herrschaftsträger.

Während Mariendorf und Marienfelde wahrscheinlich erst im ersten Viertel oder in der zweiten Hälfte des 13. Jahrhunderts entstanden, wie aufgrund der Datierung der Kirchbauten angenommen wird, ist

Mittelalterliche Dorfkirche von Tempelhof

Rixdorf/Richardsdorf eine ältere Ansiedlung, die vor der schriftlich belegten Gründung im Jahr 1360 lediglich aus einem Gehöft bestanden hatte. Der Name »Alte Dorfstelle«, der sich etwas abseits vom heutigen Dorfkern fand, könnte allerdings auf eine spätslawische Siedlung deuten, neben der um 1200 das neue Dorf erbaut wurde. Die hufeisenförmige Erstanlage des Ortes weist auf eine frühe Gründung hin.
Tempelhof selbst scheint an eine slawische Siedlung anzuknüpfen – zumindest weisen Funde aus spätslawischer Zeit in diese Richtung. Ausgrabungen ergaben eine Bauzeit der Kirche um 1200, sodass zu diesem Zeitpunkt auch die Niederlassung der Templer anzusetzen ist. Damals waren die Markgrafen von der Ostmark/Lausitz und das Erzbistum Magdeburg die Hauptakteure im Cöllner Raum.

Kapitel 4
Das frühe Stadtbild von Cölln

Fischerstraße 28 in Cölln, Fachwerkarchitektur prägte einst das Stadtbild

Wie man sich den mittelalterlichen Ort Cölln vorstellen muss und wie es dort einst ausgesehen haben könnte, lässt sich ohne überlieferte Schriftzeugnisse, Pläne oder Bilder nicht mit letzter Sicherheit ermitteln. Doch wissen wir durch Ausgrabungen seit Beginn der 1990er-Jahre darüber weit mehr, als es die meisten vermuten würden. Zunächst stellt sich aber die Frage, woher eigentlich der Name des Ortes kommt. Früher wurde vermutet, dass der Ortsname Cölln auf ein slawisches Wort mit der Bedeutung »auf dem Pfahl« zurückgeht. Doch die Ableitung von Cölln aus dem lateinischen Wort *colonia*, was Siedlung heißt, liegt deutlich näher. So wurde Cölln in den frühesten erhaltenen Schriftdokumenten bezeichnet. In Deutschland trugen und tragen mehrere Orte den Namen Cölln. Es ist interessant, dass für diese Orte sehr unterschiedliche Rückführungen auf vermeintlich slawische Sprachwurzeln existieren. Für Cölln bei Berlin wurde wegen der wassernahen Lage eine sprachliche Rückführung des Namens auf den westslawischen beziehungsweise altpolabischen Wortstamm *koł* vorgeschlagen. Dagegen wird für den Ort Cölln beim bergigen Bautzen eine Namensherkunft aus dem altsorbischen Wort *chołm*, was Hügel bedeutet, beziehungsweise aus dem Begriff *kólnja* für »Schuppen« oder »Stall« vorgeschlagen.

Weil es im Mittelalter mehrere Cöllns gab, sind diese Orte zur Unterscheidung mit Beinamen wie »an der Spree« oder »bei Bautzen« versehen worden. Auch die Stadt Meißen hat heute noch einen Ortsteil, der Cölln heißt. In Meißen ist die Ortsnamenherkunft aus dem lateinischen Wort *colonia* durch Urkundenerhaltung deutlicher belegt als im Fall von Cölln an der Spree. Bei Köln am Rhein zweifelt niemand ernsthaft daran, dass der Name Köln von dem lateinischen Wort *colonia* kommt und auf die römische Stadt *Colonia Claudia Ara Agrippinensium* zurückgeht. Könnten die mittelalterlichen Ortsgründungen mit Namen *colonia* demnach an das berühmte und reiche Köln am Rhein angelehnt sein, wie es schon öfter vorgeschlagen

Eckholz eines Brunnens an der ehemaligen Petrikirche mit Fälldatum: um/nach 1230

wurde? Dafür gibt es bislang keine Anhaltspunkte. Wahrscheinlicher ist, dass *colonia* als Ortsname für Siedlungsstandorte genutzt wurde, die bis dahin keinen Eigennamen führten.

Für Cölln liegt, genau wie auch für Berlin, keine Gründungsurkunde vor. Aber Gründungsurkunden oder andere frühe Zeugnisse sind für viele mittelalterliche Orte nicht überliefert. Die Berliner Situation ist also eher der Regelfall als eine Besonderheit. Das Informationsvakuum zur Entstehung von Cölln und Berlin hat zu vielen Spekulationen geführt, wie es hier im Mittelalter gewesen ist und was bei der Siedlungsgründung vorgefallen sein könnte. Es gibt auch dazu eine Sage, wie Albrecht der Bär sich im Pankewald verirrte und schließlich ein einsames Haus fand, wo er verköstigt wurde, und daraufhin beschloss, dort eine Siedlung zu gründen. Wir bemühen uns in diesem Buch aber, keine Geschichten zu erzählen, die der Fantasie entsprungen sind, sondern vielmehr die überlieferten Schriftzeugnisse und frühesten Stadtpläne vor dem Hintergrund archäologischer Erkenntnisse zu lesen und beide Quellenarten erstmals im Zusammenhang darzustellen.

Die ältesten bekannten Orte in unserer Region sind Brandenburg und Havelberg. Die Stadt Brandenburg entstand aus der slawischen Brennaburg, die im Winter 928/929 von Heinrich I. erobert werden konnte, als die Havel zugefroren war. Sowohl in Havelberg als auch in

Brandenburg wurden im Jahr 948 Bistümer gegründet. Beide Orte kamen aber im Jahr 983 infolge eines militärischen Zusammenschlusses verschiedener slawischer Stämme, dem bereits erwähnten Lutizenbund, mit einem erfolgreichen Angriff auf Havelberg erneut für 174 Jahre unter slawische Herrschaft.

Mit der Inbesitznahme der Brandenburg durch Albrecht den Bären im Jahr 1157 nimmt die Besiedelung unserer Region durch Zuwanderer aus dem Reich Fahrt auf. Zu dieser Zeit entstanden auch Berlin und Cölln, wie Radiokarbondatierungen an Berliner und Cöllner Grabstätten belegen.

Aber auch dendrochronologische Datierungen von Holzfunden liefern wichtige Anhaltspunkte für die Stadtgeschichte. Für Cölln wurde ein äußerst interessantes Fälldatum von einem Brett gewonnen, das bei Ausgrabungen im Bereich des Humboldt Forums gefunden worden war. Das Brett war sekundär in einem Brunnen verbaut und stammte von einem Baum, den man im Jahr 1159 gefällt hatte. Dieser ist aber nicht in Berlin gewachsen, sondern im Großraum Fulda – so genau kann man mithilfe der Dendrochronologie die Wachstumskurven der Bäume heute einordnen.

Dendrochronologie

Die Dendrochronologie befasst sich mit der Datierung von Holz anhand der Jahresringe, die jeder Baum im Laufe seines Wachstums entwickelt. Dafür werden bei archäologischen Ausgrabungen Holzproben genommen, wann immer es möglich ist. Doch manche Hölzer liefern keine Daten, weil die Bäume unregelmäßig gewachsen waren oder weil die Anzahl der Jahresringe in der Probe zu gering war.

Vielleicht fand hier ein Brett von einem alten Schrank, den jemand nach Berlin mitgebracht hatte, seine letzte Verwendung? Eine weitere interessante dendrochronologische Probe vom Cöllner Stadtgebiet kam bei Ausgrabungen im Bereich des Hauses der Deutschen Wirtschaft an der Ecke Breite Straße/Mühlendamm zutage. Dort wurde in den 1990er-Jahren ein Holz gefunden, das ein Fälldatum um/nach 1171 hatte. Das älteste Holz, das bei den Ausgrabungen am Petriplatz gefunden wurde, also im Zentrum von Cölln, datiert auf das Jahr 1212, mit einer Unsicherheit von plus oder minus zehn Jahren. Also könnte der Baum schon im Jahr 1202 gefällt worden sein, aber auch erst im Jahr 1222. Neben Holzproben wurden am Petriplatz auch Proben von Menschenknochen für Radiokarbondatierungen entnommen. Bei zwei der drei ältesten Radiokarbondatierungen an Skeletten enden die infrage kommenden Zeiträume im Jahr 1160 beziehungsweise im Jahr 1168. Das weist darauf hin, dass diese Gräber spätestens 1160 beziehungsweise 1168 angelegt wurden und zeigt somit, dass die Siedlung Cölln um 1160 bestanden haben muss.

Die ersten Stadtpläne

Es gibt weder aus der Anfangszeit der Siedlung Cölln noch vom mittelalterlichen Berlin Bilder oder Pläne. Bei entsprechenden Abbildungen, die man in Büchern oder im Internet findet, handelt es sich um Rekonstruktionen, also um Spekulationen darüber, wie es ursprünglich gewesen sein könnte.

Der älteste überlieferte Stadtplan stammt aus dem Jahr 1652. Zu dieser Zeit blickten Cölln und Berlin bereits auf eine fast 500-jährige Geschichte zurück. Er wurde von Johann Gregor Memhardt (1607–1678) geschaffen. Memhardt wurde im Jahr 1650 vom Großen Kurfürsten Friedrich Wilhelm zum Hofbaumeister ernannt. In dieser Funktion war er für alle kurfürstlichen Bauvorhaben zuständig. Sein Stadtplan zeigt Cölln mit der Petrikirche und dem Rathaus im Zentrum sowie das kurfürstliche Schloss mit dem Lustgarten und der Domkirche, vormals Dominikanerklosterkirche, auf der Spreeinsel im unteren Bereich des Plans. Ob die Spreeinsel, also das Stadtgebiet von Cölln, tatsächlich eine natürliche Insel war oder durch die Anlage eines Umflutkanals der Spree künstlich abgetrennt wurde, ist zwar häufig hinterfragt, bislang jedoch noch nicht geklärt worden. Auf der Ostseite der Spree, mithin in Berlin und damit oben auf dem Memhardt-Plan, sind die Nikolaikirche, das Rathaus, die Marienkirche, das Heiliggeistspital und die Franziskanerklosterkirche dargestellt. Man kann davon ausgehen, dass Memhardt die aus seiner Sicht damals wichtigsten Gebäude in dem Plan wiedergegeben hat. In einem kurzen Begleittext auf beiden Seiten des Plans fasste er auch die zeitgenössische Meinung zur Stadtgeschichte zusammen:

Berlin soll von Alberto zugenant Ursus der Beer von Anhalt Marggraffen zu Brandenbu(rg) erbauet sein und *daher seinen Namen Berlin überkommen haben, da si nun zimlich zugenommen, hat sie Anno 1380 eine grose Feüersnoth ausgestanden, ihr ist aber hernach gewaltig wider aufgeholfen,* und *mit*

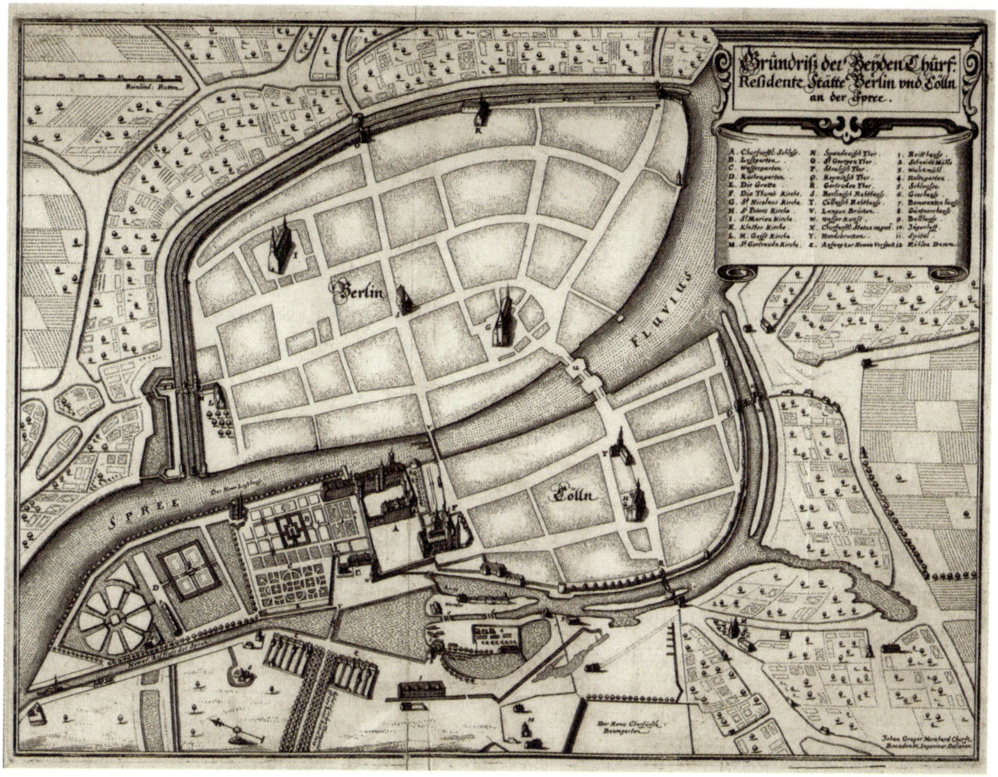

Plan von Johann Gregor Memhardt, 1652

mehrern Privilegien begabet worden, da aber Anno 1440 ihre Burger des guten Glücks halber so sie in der Kauffmanschaft gehabt übermüthig *worden* und *sich an* ihrem *Rath vergriffen, hat Marggraff Friderich ihre Freyheit beschnitten* und *ein Schlos allhier gebauet* und *haben folgends die Churfürsten zu Brandenburg ihr Hofflager all hier angestellet. Sie* liget *an dem Flus Spree der sich bey Spandau in die Havel mit derselben aber bey Werben in die Elbe ergiesset. An der Clostergassen ist das Haus worinnen die Alte Churfürsten Hoff gehalten, diese Statt ist nicht sonders* gros *hat 3 Thor und wird in 4 Kirchen geprediget. Gegen Berlin über dem* Wasser *lieget die Statt Cölln allwo die Churfürstlich nu Königliche Residenz zu: darbey die Dom Kirche zur H: Dreyfaltigkeit genandt welche Anno 1615 denen Evangelischen genommen und denen Reformirten eingeraumet worden, darüber ein nicht geringer Tumult entstanden. Noch hat es in dieser Statt auch eine andere als die S. Peters Kirche. Von dermaliger Herrlichkeit erwehnter Residenz ist Mangel Raums allhier nichts, sondern annoch allein zugedencken, das man fürgibet, es lasse sich allezeit ein Gespenst in* weiblichem *Traur Habit sehen,* soofft *jemand aus dem Churfürstlichen Hause mit Todt abgehet. Nachgehends sein diese Staette sehr erweitert* und *stattlich befestiget worden worvon der andere Abris zu sehen. Erklaerung der Buchstaben In Cölln: a Lustgarten, b. Wassergarten, c. Kuchengarten, d.* Die *Grotte, e. Wasserkunst, f. Churf. Statua im Garten, g. Hundsbrucken, h. Schneidmühle, i. Walckmühl, k. Holzgarten, l. Pommeranzenhaus m. Gaerntners Haus, n. Ballhaus, o. Mühlendamm.*

Auffällig am Memhardt-Plan ist, dass er neben den Kirchen, den Rathäusern und dem Schloss auch den Lustgarten, das Pomeranzenhaus, das Gärtnerhaus, das Ballhaus und die Grotte hervorgehoben zeigt und dass diese Gebäude auch im Seitentext benannt werden, obwohl Gärtnerhaus und Grotte kaum mit Kirchen, Rathäusern und Schloss vergleichbar gewesen sein dürften. Das lässt sich dadurch erklären, dass diese Bauten unter Memhardt als Hofbaumeister geschaffen wurden. Er wollte seine Leistungen in diesem Plan herausstellen, deshalb hat er die bürgerlichen Häuser weggelassen. Natürlich gab es 1652, als Memhardt seinen Plan erstellte, zahlreiche Privathäuser in Berlin und Cölln, aber die hätten das für ihn Wesentliche in seiner Darstellung nur gestört. So erscheint die Spitze der Spreeinsel ganz stil- und planvoll bebaut, während der Rest von Cölln und auch Berlin, also der Teil, in dem alle außer dem Kurfürsten wohnten, klein und vergleichsweise unbedeutend dargestellt wird.

Dieses Mangels an einem realitätsnahen Stadtplan nahm sich 1688 Johann Bernhardt Schultz an. Er zeichnete einen Plan, der im Detail alle Häuser in Berlin und Cölln abbildete. Weil das perspektivisch schwierig war, wählte er eine sogenannte Vogelschauansicht.

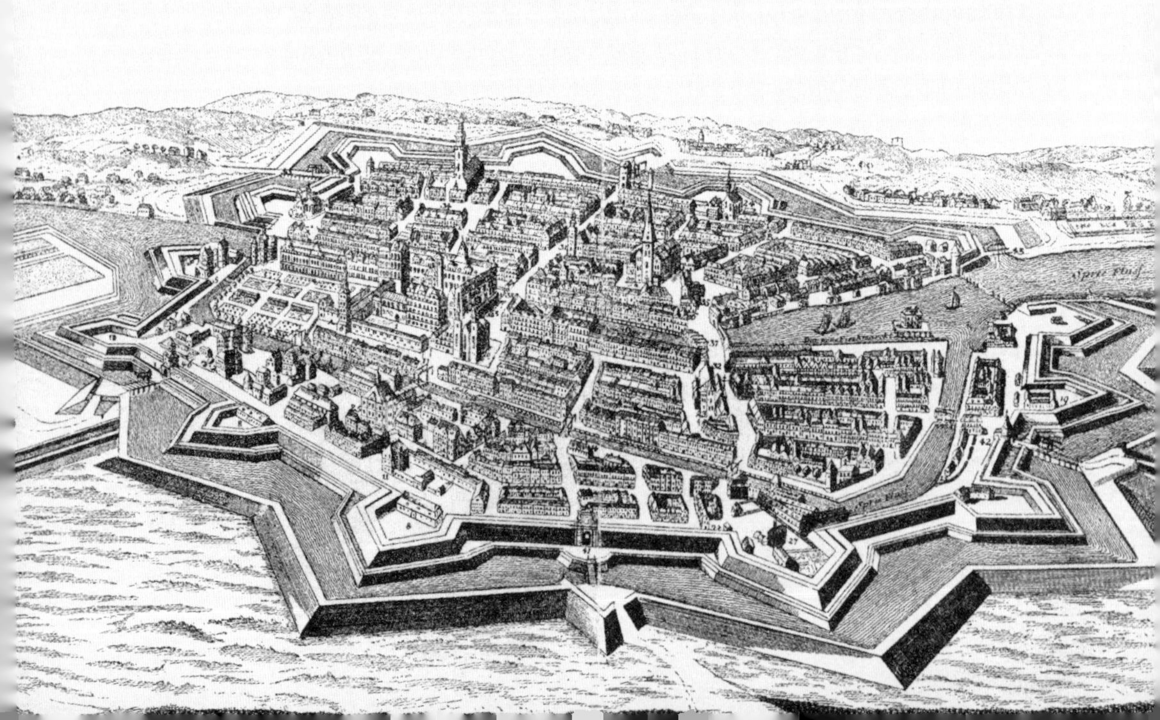

Plan von Johann Bernhardt Schultz, 1688

Sie vermittelt den Eindruck, dass man Berlin und Cölln von schräg oben betrachten und somit in Gänze überblicken kann. Die wichtigsten Gebäude stellte Schultz übergroß dar, damit sie besser kenntlich waren. Dadurch kann sich der Planbetrachter besser an den städtischen Landmarken orientieren. Auf diesem Plan sieht das Schloss auch gleich nicht mehr so groß aus wie noch auf dem Memhardt-Plan.

Die dokumentierten Anfänge

Aus beiden Plänen wird deutlich, dass Cölln und Berlin zur Mitte des 17. Jahrhunderts nebeneinander existierten. Dass in der allgemeinen Wahrnehmung Berlin deutlich präsenter ist als Cölln, hängt sicherlich auch damit zusammen, dass durch die Sprengung der im Krieg beschädigten Petrikirche in den Jahren 1964 und 1965 die Kenntlichkeit dieses zweiten Siedlungskerns ausgelöscht wurde. Cölln wird in geschichtlichen Darstelllungen häufig als Anhängsel des mittelalterlichen Berlins behandelt und nur selten in seiner historischen Eigenständigkeit betrachtet. Durch die Ausgrabungen am Petriplatz wächst die Erinnerung an Cölln aber seit dem Jahr 2007 langsam wieder.

Bei den Ausgrabungen am ehemaligen Standort der Petrikirche wurden die Fundamente von drei verschiedenen, aufeinander folgenden Petrikirchbauten, mehr als 3200 Grabstellen sowie die Fundamentmauern der Cöllnischen Lateinschule von den Archäologen freigelegt. Darüber hinaus wurde auch ein Teil des Cöllnischen Rathauses entdeckt. Durch diese Befunde kam es wieder vermehrt zu Fragen nach der Entstehung und Geschichte von Cölln im Mittelalter. Woher kamen die Menschen, deren Gräber am Petriplatz gefunden wurden? Wann waren sie nach Cölln gezogen? Und seit wann gab es in Berlin und Cölln Schulen?

Mithilfe von schriftlichen Zeugnissen lässt sich – wie auch für Berlin – nicht nachvollziehen, wann die Siedlung Cölln gegründet wurde. Das älteste Dokument für die Geschichte Cöllns ist eine im Jahr 1238 ausgestellte Urkunde, in der Symeon *plebanus de Colonia* (Pfarrer von Cölln) als Zeuge genannt wird. Symeon nahm am 28. Oktober 1237 an einem wichtigen Ereignis in der Lateinschule der Stadt Brandenburg teil. Damals wurde dort in Anwesenheit von 21 Zeugen, darunter auch Symeon von Cölln, ein Rechtsstreit zwischen den Markgrafen und dem Bischof von Brandenburg beigelegt.

Urkunde mit Ersterwähnung Symeons von Cölln

Die Urkunde über die Beilegung dieses Rechtsstreits wurde erst drei Monate später, im Januar 1238, ausgestellt. Das Jahr 1237 ist somit das Datum der ersten Erwähnung von Cölln nach dem ältesten erhaltenen Schriftzeugnis für die Stadtgeschichte. Heute stehen durch viele neu entwickelte naturwissenschaftliche Methoden in der Archäologie auch andere Datenquellen zur Verfügung. Mit ihrer Hilfe lässt sich zeigen, dass die Urkunde zu einem Zeitpunkt ausgestellt wurde, als Cölln schon auf etwa 80 Jahre Siedlungsentwicklung zurückblicken konnte. Eine Gründungsurkunde ist dieses Dokument jedenfalls nicht für Cölln.

Das Wissen um den Entstehungszeitpunkt von Berlin und Cölln war schon im 15. Jahrhundert nicht mehr vorhanden, wie wir aufgrund einer Prügelei aus dem Jahr 1476 wissen. Der Auslöser für die Handgreiflichkeiten war ein Streit, der anlässlich einer Fronleichnamsprozession zwischen Cöllner und Berliner Schülern ausbrach. Beide Gruppen zerstritten sich über die Frage, welcher der beiden Orte wohl älter sei. Sowohl die Cöllner als auch die Berliner beanspruchten das höhere Alter für ihre eigene Stadt. Daraufhin wurde eine kirchenrechtliche Untersuchung angeordnet, um diese Frage endgültig zu klären. Diese kam jedoch zu dem Ergebnis, dass sich auf Basis der damals vorhandenen Urkunden das Alter von Berlin und Cölln nicht klären lasse. Deshalb wurde bezüglich der Ordnung bei der Fronleichnamsprozession, die damals ein wichtiges Ereignis im Kirchenjahr war, eine ausgesprochen diplomatische Entscheidung vom damaligen Kurfürsten getroffen. Albrecht I. (geb. 1414, Kurfürst 1470–1486) verfügte am 8. Juni 1476, dass bei zukünftigen Prozessionen die Schüler der Marienkirche ganz vorn gehen sollten, ihnen folgten die Schüler der Petrikirche und anschließend kamen die Schüler der Nikolaikirche. Ganz hinten sollten die Priester des Domstifts zu Cölln mit dem Allerheiligsten, also den für die Eucharistie geweihten Hostien, folgen. Dieser Erlass ist in einer Zusammenstellung der berlinischen Regesten von Ernst Fidicin im Jahr 1837 als Nr. 534 herausgegeben worden und findet sich auch im Cöllnischen Stadtbuch.

Schulwesen

Diese historische Nachricht enthält – abgesehen von der Information zum bereits damals herrschenden Mangel an Dokumenten zur Ortsentstehung – auch die Information, dass es zum Ende des 15. Jahrhunderts in Berlin mindestens zwei Schulen gab und eine in Cölln. Diese Schulen waren den Stadtpfarrkirchen zugeordnet, denn in Berlin gab es jeweils eine Schule an der Nikolaikirche und an der Marienkirche, in Cölln eine an der Petrikirche. Da die Grundmauern der Cöllner Schule an der Petrikirche bei den archäologischen Ausgrabungen wiederentdeckt worden sind, konnten die Archäologen die Mauerreste untersuchen und ihr Alter bestimmen. Demnach handelt es sich um Fundamente aus dem späten 14. Jahrhundert. Ob das be-

Mittelalterliche Schulszene: der Lehrer mit der Rute im Vordergrund, im Hintergrund ein Schulgehilfe

deutet, dass die Schule im 14. Jahrhundert gegründet wurde, wissen wir aber nicht, denn es ist möglich, dass das Gebäude, in dem im Jahr 1717 nach gesicherten Erkenntnissen die Cöllnische Lateinschule untergebracht war, vorher eine andere Bestimmung hatte.

Im 13. und 14. Jahrhundert wurden überall in Europa Lateinschulen gegründet. Latein war die *lingua franca* des Mittelalters, vergleichbar mit dem Englischen, das heute fast überall genutzt wird. Es wurde eigentlich schon seit dem frühen Mittelalter nicht mehr gesprochen, blieb aber wissenschaftliche Lehr- und Kirchensprache, sodass eine Verständigung über Ländergrenzen hinweg zumindest unter den Gebildeten möglich war. Noch heute gibt es altsprachliche Gymnasien, die auf das Erlernen der lateinischen Sprache großen Wert legen. Die mittelalterlichen Lateinschulen gliederten sich in drei Klassen, deren erste wegen der *Tabula*, einer Fibel mit einfachen Texten, Tabulistae genannt wurde. Die Zweitklässler wurden Donatistae genannt, die Drittklässler waren die Alexandristae. Im Berliner Stadtbuch aus den 1390er-Jahren ist die Schule an der Nikolaikirche erwähnt. In dieser Zeit wird es auch die Lateinschule an der Petrikirche gegeben haben, da die beiden Gemeinwesen parallel zueinander funktionierten und es ganz unvorstellbar ist, dass man in Berlin zur Schule gehen konnte und in Cölln nicht. Im Cöllner Stadtbuch von 1442 steht, dass die Lateinschule von 1423 bis 1436 von Nikolaus Wolter geleitet wurde. Wolter diente zugleich auch als Notar in städtischen Diensten. Er hatte also zwei Jobs. Das belegt, dass die Stadt und die Kirchengemeinde in Bezug auf die Schulen zusammenwirkten und dass Wolter einen Teil seiner Besoldung aus der Stadtkasse erhielt. Die geringe Bezahlung der Lehrer an den mittelalterlichen Schulen war offenbar ein Dauerproblem. Für die Cöllner Petrikirche, deren Lehrerlisten erst aus der Zeit ab 1540 vollständiger vorliegen, scheint es, als wären viele Lehrer später auf Pfarrstellen gewechselt, was vermuten lässt, dass Lehrer deutlich schlechter als Pfarrer bezahlt wurden. Zur Besoldung gehörten oft Naturalien wie Holzlieferungen. Auch sogenannte Lehrertische waren nicht unüblich, bei denen die Lehrer von den Angehörigen der Schüler nach Hause eingeladen und beköstigt wurden. Man kann sich vorstellen, wie sich solche Abhängigkeiten im Schulalltag ausgewirkt haben. Manche Lehrer versuchten auch, ihr Gehalt als Trauerredner oder Hochzeitsmoderator aufzubessern. Das wurde von der Kirchengemeinde nicht gern gesehen. Die Lehrer der Petrischule wurden von der Kirchenleitung ziemlich gegängelt,

Ruine der Franziskanerklosterkirche im Jahr 2023

wie sich aus den frühneuzeitlichen Schulgesetzen entnehmen lässt. Sie mussten an den täglichen Gottesdiensten teilnehmen und hatten sich jeglicher Kritik an den Predigten zu enthalten. Andererseits konnten sich Schüler ihr Schulgeld auch dadurch verdienen, dass sie im Kirchenchor sangen. Die Chorschüler der Petrikirche wohnten in der Schule am Kirchhof, oben über dem Schulraum in den Lehrerwohnungen. Man muss sich vorstellen, dass im Mittelalter mehrfach am Tage Gottesdienste abgehalten wurden und die Chorschüler also oft zwischen Schule und Kirche unterwegs waren. Deshalb war eine räumliche Nähe von Schule und Kirche ganz praktisch.

Wir wissen durch die Ausgrabungen am Petriplatz, dass das Schulgebäude den Kirchhof begrenzte und dass der Zugang zur Schule über das Kirchhoftor in der Scharrenstraße erfolgte. Zwischen dem Turmeingang der Petrikirche und dem Schulgebäude lagen nur etwa sechs Meter Weg. Aus dem Jahr 1436 gibt es einen Hinweis auf die Schule. Conrad Schaum aus Berlin verfügte am 29. Januar 1436, dass nach seinem Tod jährlich am vierten Fastensonntag in allen Pfarr- und Klosterschulen eine Stiftung ausgeführt werden sollte. Drei

Pfarrschulen kennen wir schon, aber offensichtlich gab es auch Klosterschulen. Demnach könnte in Cölln eine Schule im Dominikanerkloster existiert haben, desgleichen in Berlin im Franziskanerkloster. In der Stadt Brandenburg gab es die Domschule sogar schon im Jahr 1209. Im Berliner Stadtbuch, das nach dem großen Stadtbrand von 1380 entstand und wahrscheinlich alle bis dahin entwickelten Rechte, Regeln und Gebräuche wiedergibt, ist festgehalten, dass die Unterhaltung von Schulen zu den städtischen Aufgaben gehörte. Es ist auch aus anderen Gegenden bekannt, dass die mittelalterlichen Schulen von Stadt und Kirchengemeinden gemeinsam verwaltet wurden. Es gab neben den Pfarr- und Domschulen auch verschiedene private Schulinitiativen, die teilweise erfolgreicher waren als die Pfarrschulen – auch dies eine Parallele zu heutigen Privatschulen, die neben den staatlichen Schulen durch üppigere finanzielle Ausstattung häufig besser dastehen. Entgegen der landläufigen Auffassung gab es im Mittelalter auch schon Mädchenbildung und -schulen. Das mittelalterliche Schulwesen in Cölln und Berlin muss man sich daher wohl deutlich vielfältiger vorstellen, als wir es heute anhand unserer Quellen nachvollziehen können. Allerdings gingen bei Weitem nicht alle Menschen zur Schule, weil nicht jeder es sich leisten konnte. Gerade arme Familien mit vielen Kindern konnten deren Schulbesuch nicht bezahlen. Dennoch genossen die meisten Menschen zumindest für einige Zeit Schulbildung. Man kann zusammenfassend sagen, dass wohl nicht jeder sicher lesen und schreiben konnte, rechnen vielleicht noch eher, dass aber eine gewisse Grundbildung bei fast allen vorhanden war.

Im Zentrum von Cölln

Die Cöllnische Lateinschule begrenzte den Platz um die Petrikirche nach Süden. Auf der Nordseite der Kirche befand sich das Rathaus. Die Lage des mittelalterlichen Rathauses von Cölln muss man sich heute unter der Fahrbahn der Breiten Straße vorstellen. Wir wissen nicht, wann dieses erste Rathaus in Cölln erbaut wurde, aber es ist mit der (vermuteten) Verleihung der Stadtrechte um 1230 vorauszusetzen, denn dort wurden die städtischen Geschäfte verhandelt und der Rat tagte in dem Gebäude. Die Magistrale, die von Cölln über den Mühlendamm nach Berlin führt, heißt von alters her Gertraudenstraße, weil sie zum Gertraudentor, dem westlichen Stadttor von

Auf dem archäologischen Befund wieder aufgebautes Haus aus dem 13. Jahrhundert in Nienover

Cölln, führte. Parallel zur Gertraudenstraße verlief von Beginn an die Scharrenstraße. »Scharren« ist eine Bezeichnung für mittelalterliche Marktstände. Sie waren aus Holz und wurden auf dem Gehweg vor den Wohnhäusern aufgebaut. In der Scharrenstraße gab es Fleischscharren und Brotscharren, also Marktstände, an denen Fleisch und Brot verkauft wurden. Auf dem Mühlendamm und vor dem Cöllnischen Rathaus befand sich der Cöllnische Fischmarkt. Im Cöllner Stadtbuch steht, dass sich sogar auf dem Kirchhof Marktstände befanden. Wie dieses Nebeneinander wohl aussah? An den Markttagen kann man sich das Treiben um die Petrikirche sicherlich recht geschäftig vorstellen. Im Berliner Stadtbuch findet sich im Zusammenhang mit der Festsetzung des Martinizins, also dem Zins, der einmal jährlich am 11. November am Martinstag zu zahlen war, folgender Eintrag: »… und alle Krämer, Töpfer, die auf dem Kirchhof und auf der Straße stehen, geben 9 Pfennige. Und die unter ihrem eigenen Dach stehen, zahlen nichts.« Das ist ganz interessant, denn in manchen Stadthäusern war ein kleiner Laden in den vorderen Teil des Hauses fest eingebaut. Das hatte offensichtlich den Vorteil, dass man dafür zumindest keinen Martinszins zahlen musste.

Die Wohnhäuser waren Fachwerkbauten, oft mit sehr schmalen Giebeln. Diese waren manchmal nur drei oder vier Meter breit. Zur Straße hin standen die Häuser und im hinteren Bereich der langschmalen Grundstücke befand sich meist der Garten mit Brunnen und natürlich auch das Plumpsklosett. Es existiert die Vorstellung, dass die Menschen zu jener Zeit ihre Hinterlassenschaften aus dem Fenster auf den Gehweg gekippt hätten. Dass das nicht ganz zutreffend sein kann, ergibt sich schon aus der Vorstellung, dass es dann die ganze Zeit vor der Haustür wie auf der Toilette gerochen hätte, was niemandem lange gefallen kann. Stattdessen gab es in Cölln und auch in Berlin Straßengräben und größere Sickergruben vor den Häusern, wie archäologisch nachgewiesen werden konnte. In den Gräben wurde das Schmutzwasser entsorgt. Dort stand das Wasser sicherlich manchmal und im Sommer trockneten sie wahrscheinlich auch phasenweise ganz aus. Man kann sich vorstellen, dass sich dort viel Unrat ansammelte und es manchmal faulte und stank. Die Ausgrabungen am Petriplatz zeigten, dass diese Straßengräben und -gruben mehrfach ausgehoben worden waren. Sie wurden bestimmt ab und an gereinigt, weil sie ansonsten ein permanentes Gesundheitsrisiko dargestellt hätten. Für die Anlage, Reinigung und Wartung der Gräben und Gruben waren vermutlich die einzelnen Hausbesitzer verantwortlich, denn die archäologischen Befunde unterscheiden sich von Grundstück zu Grundstück. Es gab nur im Bereich der Häuser am Cöllnischen Rathaus ein längeres Stück Straßengraben.

Die Wohn- und Geschäftshäuser hatten anfangs sehr kleine Fenster, die mit Glasscheiben und hölzernen Fensterläden verschlossen und mit Bienenwachs gekittet wurden. Die Fenster wurden größer, als man darauf kam, die kleinen Fensterscheiben mithilfe von Bleizügen zu größeren Scheiben zusammenzusetzen. Auch im Mittelalter verschloss man schon die Haustüren mit Schlüsseln. Die persönlichen Besitztümer wurden in Truhen und Schränken gelagert, welche mit Vorhängeschlössern gesichert werden konnten. Derartige Türschlüssel und auch Vorhängeschlösser wurden am Petriplatz mehrfach gefunden. Sie sehen gar nicht so anders aus als die heutigen.

Während die Privathäuser hölzerne Fachwerkbauten waren, muss man sich die Hauptgebäude wie Kirche und Rathaus eher als Stein- oder Backsteinbauten vorstellen. Während der Ausgrabungen am Petriplatz wurde auch im Bereich jenes Gebäudekomplexes gegraben, in dem bis 1899 das Cöllnische Rathaus stand. Das mittelalter-

Mittelalterlicher Schlüssel und Vorhängeschloss vom Petriplatz

liche Rathaus lag an der Ecke Breite/Scharrenstraße, wie auf dem Memhardt-Plan von 1652 zu sehen ist. Die erste schriftliche Nachricht vom Cöllnischen Rathaus stammt aus dem Jahr 1525, als ein Ratsstuhl (also ein Gestühl) sowie eine Harnischkammer eingebaut wurden. In der Harnischkammer wurden Rüstungen aufbewahrt. In vielen im 12. Jahrhundert gegründeten niederdeutschen Städten war das Rathaus anfangs zuerst eine Art Kaufhaus. Gleichzeitig kontrollierte der Rat auch die Geschäftsabwicklung und das Warenangebot auf dem Markt. Dafür galten strenge Regeln, die ständig kontrolliert wurden. Deshalb befand sich das Rathaus immer in der Nähe des Marktes. Im Ratssaal des Rathauses stand das Ratsgestühl, in dem die Ratsherren bei ihren Beratungen Platz nahmen. Dort konnte auch Gericht gehalten werden. Der Ratssaal war meist pompös ausgestattet, weil er die Bedeutung und die Eigenständigkeit der Stadt repräsentieren sollte. Es ist nicht vorstellbar, dass im Jahr 1525 erstmals ein Cöllnischer Ratsstuhl gebaut wurde. Vielmehr ist zu vermuten, dass man damals den alten Ratsstuhl erneuerte. Am Cöllnischen Rathaus gab es genau wie am Berliner Rathaus eine Gerichtslaube. In dieser Gerichtslaube wurden an den Gerichtstagen Cöllner Streitigkeiten in aller Öffentlichkeit verhandelt. Dort wurden bis in die Frühe Neuzeit auch grausamste Körperstrafen nach mittelalterlichem Recht verhängt und dann oft genug auch direkt davor vollzogen.

Im Cöllnischen Rathaus war außerdem die Ratswaage untergebracht, die amtliche Eichanstalt von Cölln. Dort wurden für alle Gewichte, die auf dem Markt benutzt wurden, die Referenzmessungen durchgeführt. Auch amtliche Gewichts- oder Volumenbestimmungen wurden hier gemacht. Die Aufgabe des mittelalterlichen Rats bestand also sowohl in der Verwaltung des ständischen Gemeinwesens als auch in der Wahrnehmung exekutiver Funktionen, denn es gab noch keine Polizei. Auch die Gesetzgebung lag in der Hand des

Rates. Alle innerstädtischen Angelegenheiten wurden von Ratsmännern erledigt, die selbst Bürger der Stadt waren. Nur wenige Experten von außerhalb kamen dazu. Einer dieser Experten war in Berlin der Schulze Marsilius, der am 29. April 1247 als Zeuge in einer Schenkungsurkunde für das Kloster Walkenried im Südharz auftrat.

Er fungierte ebenso als Zeuge in einem Dokument vom 14. Juli 1253. Dabei handelt es sich um eine Urkunde des Markgrafen Johann I. von Brandenburg, der die Stadt Frankfurt (Oder) mit dem Stadtrecht von Berlin bewidmete (siehe Kapitel 5).

Schulze

Das Wort Schulze ist eine Kurzform des auch oft verwendeten Begriffs Schultheiß, also jemandem, der »Schuld heischt«. Er war der Vertreter des Landesherrn in einer Stadt oder auch auf dem Dorf und sorgte dafür, dass jeder seine Schuldigkeit, also seine Pflichten dem Herrn gegenüber, erfüllte.

Die Verleihung von Stadtrechten zeigt, dass mittelalterliche Gemeinwesen nach erprobten Regeln funktionierten und nicht jede Gemeinde neue Regeln für sich ersann. Man konnte auf festgesetzte und bewährte Regeln im Gemeinschaftsleben zurückgreifen und gab diese Regelwerke, wie im Fall von Frankfurt/Oder, auch weiter. Wir haben das schon an den Magdeburger Stadtrechten sehen können. Ob Marsilius von Berlin zugleich als Schulze für Cölln eingesetzt war, erfahren wir aus den Urkunden nicht. Vielleicht haben die Markgrafen von Brandenburg aber versucht, durch diese »Personalunion« beide Städte zusammenzuführen. Dies ist bei Symeon viel besser nachvollziehbar, denn er war zuerst Pfarrer in Cölln und später Propst von Berlin und handelte somit als Amtsträger in beiden Gemeinden. Urkundlich belegt ist, dass Berlin und Cölln ab dem Jahr 1307 einen vereinigten Rat hatten. Beide Stadtverwaltungen trennten sich aber schon im Jahr 1311 wieder. Ab Mitte des 14. Jahhunderts gab es zwar ein gemeinsames Rathaus auf der Langen Brücke, aber auch dieses Mal war die Vereinigung nicht von langer Dauer. Schließlich wurden sie im Jahr 1432 erneut vereinigt, aber die nächste Trennung kam schon nach zehn Jahren, im Jahr 1442. Das gemeinsame Rathaus auf der Langen Brücke wurde nun an den Kurfürsten abgetreten. Es diente bis zum Jahr 1448 als Magazin für Gewehre (Büchsen), Pulver, Projektile (Bleikugeln), Armbrüste und Pfeile, die zum gemeinsamen Besitz beider Städte gehörten und auch beiderseitig genutzt werden konnten, wie im Cöllner Stadtbuch vermerkt ist. Man fragt sich, warum es zwar gelang, die Waffen zu teilen, aber eine gemeinsame Verwaltung und Regierung nicht zustande kamen.

Der Ursprungsbau des Cöllnischen Rathauses ist urkundlich nicht zu fassen, aber auch hier haben die archäologischen Ausgrabungen wichtige Erkenntnisse geliefert. Im Bereich des Rathausquartiers wurden mittelalterliche Mauern und Befunde entdeckt, unter anderem ein Stampflehmboden, der zum Keller des aus der Renaissance stammenden Rathauses gehört haben könnte. Unter dem Stampflehm wurde eine mittelalterliche Oberfläche ausgemacht, die mit Holzkohlepartikeln übersät war. Von diesen Holzkohleresten wurde eine Probe zur Radiokarbondatierung entnommen, die eine Datierung zwischen 1278 und 1386 ergab. Die Datierung weiterer Schichten unter dem Renaissance-Rathaus und den angrenzenden Bürgerhäusern wurde mit mehreren Radiokarbondatierungen abgesichert, die ähnliche Ergebnisse erbrachten. An der Scharrenstraße wurden Kellerfundamente auf zwei Bürgerhausgrundstücken gefunden, die

Fußböden und Grundmauern im Bereich des ehemaligen Cöllnischen Rathauses 2007

Das Archäologische Fenster im Hotel Capri in der Breiten Straße/ Ecke Scharrenstraße in Berlin-Mitte

ebenfalls in die mittelalterliche Zeit zurückgehen. Sie gehörten zu den Gebäuden Scharrenstraße 21 und 22. Die Wohnhäuser darüber wurden im Zweiten Weltkrieg zerstört. Während in der Gertraudenstraße alle an das Rathaus grenzenden Gebäude für städtische Zwecke genutzt wurden, waren die Grundstücke Scharrenstraße 21 und 22 bis zum Jahr 1887 in privater Hand. Danach gehörten sie zum Kaufhausimperium Rudolf Hertzog. Die Keller dieser Wohnhäuser sind, so wie sie sich bis 1945 baulich entwickelt hatten, nahezu vollständig im Boden geblieben. Der Kellerkomplex wurde unter Denkmalschutz gestellt und ist heute als »Archäologisches Fenster« unter einer Glasplatte im Hotel Capri für jedermann zu besichtigen. Die ältesten dort sichtbaren Mauern stammen aus dem späten 14. oder aus dem frühen 15. Jahrhundert.

Das Zentrum des mittelalterlichen Cölln bildeten Petrikirche, Lateinschule und Rathaus. Eine erste deutliche städtebauliche Veränderung erfolgte durch die Ansiedlung der Dominikanermönche in Cölln. Ausgrabungen im Bereich des Humboldt Forums haben gezeigt, dass die ältesten gefundenen Gräber auf dem Dominikanerkirchhof aus der Zeit um 1260 stammen. Allgemein wird davon ausgegangen, dass die Dominikaner erst um 1300 nach Berlin kamen. Doch offenbar war die Bevölkerung von Cölln zur Mitte des 13. Jahrhunderts bereits so stark gewachsen, dass es für die Dominikaner, die ja ein Bettelorden sind, möglich war, sich in Cölln niederzulassen. Nach jenen

Dominikanerbrüdern ist die Brüderstraße benannt, die heute jedoch in Richtung Schlossplatz durch das ehemalige Staatsratsgebäude der DDR, mittlerweile European School of Management and Technology (ESMT), abgeschnitten ist. Sie führte von der Petrikirche direkt zum Dominikanerkloster, dessen Brüder wegen ihrer schwarz-weißen Ordenskleidung auch schwarze Brüder genannt wurden – im Gegensatz zu den grauen Brüdern, den Franziskanern. Die offizielle Bezeichnung der Dominikaner war »Orden der Predigerbrüder«.

Auch die Breite Straße existiert noch, wenn auch im Bereich des ehemaligen Cöllnischen Rathauses nicht mehr in ihrer ursprünglichen Lage. Sie verengte sich früher stark zur Kreuzung Gertraudenstraße hin, weshalb die Fundamente der nördlichen Außenmauer des Cöllnischen Rathauses heute im Gehwegbereich vor dem Haus der Deutschen Wirtschaft liegen. Dort kamen sie im Jahr 2009 kurzzeitig zum Vorschein. Auch durch die jüngsten städtebaulichen Maßnahmen konnte die radikale Überformung des alten Kerns von Cölln nicht behoben werden, obwohl mit dem Humboldt Forum ge-

Die heilige Gertraude

Die heilige Gertraude (Gertrud von Nivelles 629–659), deren schönes Standbild an der Gertraudenbrücke steht, war Vorsteherin des Klosters Nivelles in Belgien. Die Verwandte von Karl dem Großen verbrachte ihr Leben als Jungfrau und übernahm die Leitung des Klosters von ihrer Mutter. Sie starb bereits im Alter von 33 Jahren. Selbst sehr gebildet, setzte sie sich dafür ein, dass Mädchen lesen lernten, um die Bibeltexte verstehen zu können. Da sie sich auch um die Reisenden kümmerte, wurden im Mittelalter viele Spitäler nach ihr benannt. Auf ihrem Standbild, welches 1896 von Rudolf Siemering geschaffen wurde, ist aus diesem Grund auch ein Wanderer abgebildet, dem sie einen Krug mit einem frischen Trunk reicht. In der linken Hand hält sie einen Spinnrocken, weil sie zudem die Schutzpatronin der Spinnerinnen ist. Zum Zeichen ihrer Jungfräulichkeit wachsen Lilien zu ihren Füßen. Um die Grundplatte der Skulptur laufen zahlreiche Ratten herum, weil sie angeblich durch ihre Gebete die Ratten vertrieb. Sie wurde dadurch schließlich auch noch zur Schutzpatronin der Katze.

nannten Stadtschloss-Nachbau am Spreeufer eine für die historische Verortung wichtige Landmarke auf der Spreeinsel wiedererschaffen wurde.

Ähnlich verwirrend ist die Lage bei den beiden Gertraudenbrücken. Die alte Gertraudenbrücke führte aus dem Cöllner Stadtgebiet über den Spreekanal nach Westen. Am Fuße der Brücke, vor den Mauern der Stadt, lag das Gertraudenspital, nach dem der U-Bahnhof Spittelmarkt benannt ist. Dort wurden Arme, Kranke und Bedürftige versorgt.

Petrikirche

Als im Jahr 1237 der Pfarrer Symeon von Cölln als Zeuge in Brandenburg tätig war, musste es die Petrikirche bereits gegeben haben, da er als *plebanus* bezeichnet wurde, als Leutpriester. Das erste Schriftzeugnis, in dem die Petrikirche direkt genannt wird, ist eine Urkunde aus dem Jahr 1285. Damals legten die Markgrafen Otto V. und Otto VI. von Brandenburg fest, der Petrikirche jährlich eine bestimmte Menge Roggen aus der Cöllner Mühle zu überlassen. Die Mühle von Cölln war verpflichtet, Abgaben an die Markgrafen als Landesherren zu leisten, weil der Markgraf für den weltlichen Schutz des Territoriums zuständig war. Etwas von diesen Abgaben spendeten die Markgrafen an die Cöllner Kirche. Das zeigt gut, wie das wirtschaftliche System damals funktionierte.

Die ersten Ausgrabungen an der Cöllner Petrikirche wurden im Jahr 1967, zwei Jahre nach dem Abriss der letzten Petrikirche, von der Akademie der Wissenschaften der DDR unter Leitung von Heinz Seyer durchgeführt. Er legte außerhalb der Grundmauern der gesprengten Kirche drei Sondagen an. In einer Schachtung stieß er auf alte, mehrphasige Fundamentmauern, von denen er annahm, dass sie zu älteren Kirchbauten gehörten. Die ältesten Steinfundamente waren auf noch älteren Gräbern erbaut worden. Daraus schloss Seyer, dass die überbauten Gräber zu einer kleineren Kirche gehört hatten, die von einer größeren Steinkirche überdeckt worden war. Er konnte die Gräber mit damaligen Mitteln nicht datieren, die Stelle ist heute nicht mehr zugänglich, da sie im Gehweg der Gertraudenstraße liegt. Ohnehin wird heute nicht mehr aus reiner Neugier gegraben. Es wird argumentiert, dass möglichst viel für die Nachwelt im Boden erhalten bleiben soll. Das zahlt sich langfristig gesehen aus, denn bei den neuen Ausgrabungen am Petriplatz bestand bereits die Möglichkeit der Radiokarbondatierung der Skelette.

In den ersten Tagen der Siedlung Cölln wird es wahrscheinlich noch keine Kirche gegeben haben. Die ersten Bewohner waren wohl zunächst damit beschäftigt, ihre Häuser zu errichten und ihre Gärten und Felder zu bestellen. Restauratorische und experimental-archäologische Untersuchungen an alten Fachwerkgebäuden aus dem 12. und 13. Jahrhundert, wie sie zum Beispiel in Lübeck nachgewiesen wurden, zeigen, dass diese Häuser wie ein Bausatz funktionierten. Die Hauswände wurden komplett auf dem Erdboden zusammengebaut und danach aufgerichtet. So ging der Hausbau schnell vonstatten.

Heinz Seyer stellte 1967 die Theorie auf, dass die allererste Petrikirche eine Holzkirche gewesen sein könnte, die später durch eine Steinkirche ersetzt wurde. Diese erste Steinkirche war in der Zeit, aus der der oben genannte Ablassbrief stammt, entweder bereits komplett abgerissen oder stark umgebaut worden. Von der äußeren Gestalt dieser zumindest umgebauten Kirche erfahren wir zwar nichts aus den schriftlichen Quellen, aber es sind überraschend viele Details zu ihrer Innenausstattung bekannt.

Bis zur Einführung der Reformation im Jahr 1539 gab es in der Petrikirche 24 Altäre. Einen der ältesten Altäre stiftete Markgraf Woldemar im Jahr 1317. Er gründete einen Fremden-, im mittelalterlichen Sprachgebrauch einen Elenden-Altar, weshalb manche Historiker der Auffassung sind, dass damals die Zuwanderung von Fremden zu einer festen Größe in der Bevölkerungsentwicklung geworden war. Der Markgraf verfügte, dass die Priester dieses Altars bei jeder Messe seiner Vorfahren Markgraf Herrmann und dessen Sohn Johann V. gedenken sollten. Das Patronatsrecht an dem Altar, aus dem sich bestimmte Rechte, aber auch Pflichten ableiteten, lag beim Stifter. Woldemar hatte das Geld gegeben, um den Altar zu errichten, sich dann jedoch entschieden, dieses Patronatsrecht und damit alle weiteren Regelungen dem Cöllner Rat zu überlassen, was zeigt, dass er sich um die Zufriedenstellung des Rates bemühte. So übertrug er ihm zum Beispiel die Einkünfte aus Spenden oder Stiftungen von anderen für diesen Altar, aber auch die sicher überschaubaren Aufwendungen für die Erhaltung und Pflege.

Nach dem Aussterben der auf Albrecht den Bären zurückgehenden askanischen Fürstenlinie in Brandenburg sicherte Herzog Rudolf I. von Sachsen der Petrikirche im Jahr 1323 eine Rente von zwölf

Das Sühnekreuz für den Mord an Propst Nicolaus von Bernau an der Marienkirche

Schillingen und eine Abgabe von der Fischerei an der Spree zu. Er machte Ansprüche auf die Mark Brandenburg geltend, konnte sich aber nicht durchsetzen. Da halfen ihm auch die Versprechungen für die Petrikirche nicht. Stattdessen wurde Ludwig V. von Bayern Markgraf von Brandenburg, wo er als Ludwig I. gezählt wird.

Ein Jahr zuvor war es in Berlin zu einem folgenschweren Ereignis gekommen, dessen genaue Umstände und Hergang sich heute nicht mehr zweifelsfrei zurückverfolgen lassen. Das Ereignis hatte aber weitgehende Folgen für die hiesigen Kirchen. Am 16. August 1324 wurde Nicolaus Cyriacus, seines Zeichens Propst von Bernau, nicht weit von der Nikolaikirche erschlagen. Er soll sich bei den Stadtbewohnern und wohl auch bei den Ratsherren unbeliebt gemacht haben, weil er – wie viele regionale Geistliche – gegen Ludwig agitierte. Wegen dieses Verbrechens an einem Kirchenmann wurden die Städte Berlin und Cölln vom Papst mit einem Interdikt belegt. Das bedeutete, dass in den Kirchen keine Gottesdienste oder andere Handlungen wie Eheschließungen, Taufen und Bestattungen vorgenommen werden durften. Dieses Interdikt dauerte elf Jahre und der Streit wurde erst im Jahr 1335 mit der Errichtung eines Sühnekreuzes vor der Marienkirche, das später durch das bis heute erhaltene Steinkreuz ersetzt wurde, beigelegt. In der Zeit des Kirchenbanns schenkten die Berliner und die Cöllner Kaufleute dem Altar der heiligen Katharina in der Petrikirche 1327 drei Talente, das ist ein Gewichtsmaß für Geld, Brandenburgische Pfennige.

Aus zwei Urkunden des Jahres 1335, in denen den freigebigen Besuchern der Nikolai- und der Petrikirche ein 14-tägiger Ablass ihrer Sündenstrafen gewährt wurde, geht hervor, dass beide Kirchen zu dieser Zeit baufällig waren. Im Jahr 1338 stiftete der Magistrat von Cölln in der Petrikirche einen Altar zu Ehren von Johannes dem Täufer und dem heiligen Christoph, der von Markgraf Ludwig im selben Jahr bestätigt wurde. Im Jahr 1345 stiftete Markgraf Ludwig dem

Altar der heiligen Katharina, den die Gewandschneiderinnung gestiftet hatten, eine jährliche Zahlung von fünf Talenten Brandenburgische Pfennige.

1368 bestätigte Bischof Dietrich II. von Brandenburg den 14-tägigen Ablass aus dem Jahr 1335 und fügte einen 40-tägigen hinzu, der für alle Besucher und Unterstützer der Petrikirche galt. Elf Jahre später wurde das Baugeschehen an der Petrikirche aktenkundig. Im Jahr 1379 wurden zwei gleichlautende Ablassbriefe des Erzbischofs Petrus von Magdeburg für die Berliner Nikolai- und die Cöllner Petrikirche ausgestellt. Aus dem Ablassbrief für die Petrikirche geht hervor, dass die dortigen Bauarbeiten zwar schon vor 1379 begonnen worden waren, die Mittel für ihre Weiterführung jedoch fehlten. Trotz des Ablassschreibens ist es strittig, ob damals wirklich neu gebaut wurde oder ob man die bestehende Kirche ausbaute und verschönerte. Der Bauforscher Richard Borrmann kam 1893 nach der Sichtung aller ihm vorliegenden Quellen zu dem Schluss, dass die bestehende Kirche damals umgebaut wurde. Gottlieb Rahn, ein Zeitgenosse Borrmanns, war der Meinung, dass die Schenkungen und Ablassbriefe aus den Jahren 1325, 1327, 1335, 1341, 1368 und weiteren in einer Zeit erfolgten, als die Kirche eine Bauruine war.

Aus den Grabungsbefunden von 1967 ergeben sich Anhaltspunkte für einen Teilabriss der ersten Steinkirche. Die Mauerbefunde von der Südostecke der Kirche und am Ansatz des Chores zeigen, dass die ältesten Steinfundamente tiefgründig ausgebrochen wurden. Wenn im Apsisbereich der Petrikirche damals Bauarbeiten stattfanden, die sich bis in die Fundamente auswirkten, dann muss ein Teil tatsächlich abgerissen worden sein. Diese Ausbruchsarbeiten könnten aber auch der Erbauung des Chores geschuldet gewesen sein. Ein repräsentativer Kirchenneubau als Teil der städtebaulichen Neufassung des Zentrums von Cölln zum Ende des 14. Jahrhunderts erscheint zeitgemäß. Der Brandenburger Archäologe Joachim Müller hat in Bezug auf entsprechende Umbauten an den Stadtpfarrkirchen in der Stadt Brandenburg formuliert, dass sich damals ein repräsentativer gotischer Neubau einfach gehörte.

Letztlich ist es nicht entscheidend, ob die Petrikirche damals neu- oder umgebaut wurde. Fest steht, dass im letzten Viertel des 14. Jahrhunderts sowohl an der Petri- als auch an der Nikolaikirche umfangreiche Bauarbeiten stattfanden. Von der damals erbauten Petrikirche existiert sogar ein Bild. Diese älteste Abbildung stammt von Johann

Cöllner Petri-Kirche, Zeichnung von Johann Stridbeck dem Jüngeren

Stridbeck dem Jüngeren aus dem Jahr 1690. Damals war die Kirche ungefähr 300 Jahre alt. Der mittelalterliche Kirchturm war 1690 nur noch als Turmstumpf vorhanden. Der hohe gotische Turm war rissig geworden und weil man befürchtete, dass er einstürzen könnte, wurde er 1663 zurückgebaut und das Dach des Turms provisorisch verschlossen.

Der Kirchhof der Petrikirche

Auf dem Kirchhof der Petrikirche wurden insgesamt 3223 Gräber geborgen, in denen die Überreste von 3778 Personen lagen. Der Kirchhof wurde 1717 geschlossen, war aber wahrscheinlich schon um 1600 vollständig belegt. Die ältesten Gräber datieren in die Zeit um 1150. Es ist nicht vorstellbar, dass auf dem Kirchhof bestattet wurde, ohne dass es dort eine kleine Kapelle oder Kirche gab, denn im Mittelalter musste ein Christ in geweihtem Boden beerdigt werden. Fast alle Toten waren in gestreckter Haltung auf dem Rücken liegend bestattet. Die Toten lagen mit Blickrichtung nach Osten und orientierten sich an der Ausrichtung des gotischen Kirchenbaus. Fast alle mittelalterlichen Kirchen sind so ausgerichtet. Der Kirchturm steht im Westen und das Kirchenschiff zeigt nach Osten. Die mittelalterlichen Toten wurden in Särgen oder Leichentüchern bestattet. Manche Särge waren sogenannte Leitersärge, bei denen der Tote auf einer Art Lattenrost lag.

Im Gegensatz zu den Bestattungen am Heiliggeistspital in Berlin, wo bei den Ausgrabungen 1995 bis 1997 zahlreiche irreguläre Totenhaltungen festgestellt wurden, war am Petriplatz fast durchgehend eine reguläre Bettung zu konstatieren.

Außer Einzelgräbern gab es auf dem Petriplatz auch viele Mehrfachbestattungen. In zehn Prozent der Gräber war mehr als eine Person beigesetzt worden. Bei den Mehrfachbestattungen kamen Doppel-, Dreifach- und Vierfachbestattungen vor, aber auch ein Grab mit zwölf Personen. Mehrfachbestattungen werden häufig mit dem Auftreten von epidemischen Erkrankungen oder mit katastrophalen Ereignissen in Verbindung gebracht. Sie begegnen uns immer wieder auf mittelalterlichen und neuzeitlichen Friedhöfen. So auch in Berlin am Heiliggeistspital, an der Nikolaikirche und an der Marienkirche. Die Gründe für die Mehrfachbestattungen an der Petrikirche sind Gegenstand aktueller Forschungen. Ebenso werden mögliche Verwandtschaftsbeziehungen und Spuren von Krankheiten noch untersucht.

Die weiterführenden Arbeiten konzentrieren sich zunächst auf die ältesten Gräber. Aus der Zeitspanne zwischen 1150 und 1299 liegen hier insgesamt 1306 Gräber vor. Aus der Phase 1300 bis 1399 sind es 285 Gräber und aus der Phase von 1400 bis 1499 gibt es insgesamt 484 Gräber. Alle anderen Gräber stammen nicht mehr aus dem Mittelalter.

Die gefundene Skelettserie stellt vermutlich einen statistisch belastbaren Ausschnitt aus der Cöllner Bevölkerung von etwa 1150 bis 1717 dar. Über diese Menschen wissen wir immer noch sehr wenig. Es sind auch fast keine Namen außer Symeon und Marsilius bekannt. Aus der Neuzeit wurden hingegen bisher etwa 1630 Personen namentlich ermittelt, die an oder in der Petrikirche bestattet wurden.

Postum betrachtet die evangelische Kirchengemeinde St. Marien-Friedrichswerder, in der die alte Petri-Gemeinde im Jahr 2006 aufgegangen ist, alle auf dem Petriplatz gefundenen Personen als Gemeindeglieder. Vor der Öffnung der ersten Gräber im Mai 2007 wurde deshalb von den Ausgräbern und der alten Petri-Gemeinde ein gemeinsames Totengedenken auf der Ausgrabung durchgeführt. Die Überreste vieler der an der Petrikirche Bestatteten werden bald in einem Beinhaus (Ossarium) im Archäologischen Haus am Petriplatz ihre letzte Ruhestätte finden, wo sie weiterhin für wissenschaftliche Untersuchungen zur Verfügung stehen werden.

Leitersarg einer 13- bis 16-jährigen männlichen Person mit Radiokarbondatierung 1048–1168

Kapitel 5
Das frühe Stadtbild von Berlin

Ansicht des alten Berliner Rathauses. Es wurde ab 1861 durch das Rote Rathaus ersetzt.

Wie können wir uns Berlin im 12. und 13. Jahrhundert vorstellen? Hierzu reisen wir in der Zeit zurück und machen einen kleinen Stadtrundgang, der an der Nikolaikirche beginnt. Vor der Nikolaikirche treffen wir einen alten Bekannten aus dem gegenüberliegenden Cölln. Es ist Symeon, der in einer Urkunde von 1244 als Propst von Berlin genannt wird. Das ist jene Urkunde, in der sich der Name Berlin zum ersten Mal findet. Wir kennen nur diese eine Urkunde. Andere Urkunden, die möglicherweise existiert haben, sind inzwischen verloren gegangen oder wurden absichtlich vernichtet.

Wir wissen nicht, wie alt Symeon im Jahr 1244 war. Er wird erstmals im Zusammenhang mit Cölln 1237 erwähnt und tritt urkundlich letztmals im Jahr 1256 als päpstlicher Gesandter in Hildesheim auf. Wir wissen auch nicht, wie lange Symeon in Berlin und Cölln tätig war und wann und wo er verstarb. Aber mit Symeon als erstem namentlich genannten Berliner und seit seiner Nennung im Jahr 1244 können wir in den schriftlichen Zeugnissen ungefähr verfolgen, was in Berlin geschah.

Wenden wir uns nun Symeons »Arbeitsplatz« zu, den wir uns als den Vorgängerbau der heutigen Nikolaikirche vorstellen müssen. Es ist überliefert, dass um das Jahr 1260 herum Bautätigkeiten an der Kirche stattfanden. In einer Urkunde von 1264 gewährte Bischof Heidenreich von Brandenburg allen Gläubigen einen Ablass von 40 Tagen für ihre Sündenstrafen, wenn sie etwas zum Ausbau der Nikolaikirche in Berlin beitrugen. Solche Ablassversprechen gab es in den folgenden Jahren immer wieder.

Mit dem Patrozinium wurde eine Kirche einem Heiligen gewidmet. Das Nikolai-Patrozinium der ersten Berliner Kirche gibt einen wichtigen Hinweis auf die möglichen Initiatoren der Siedlung, weil sie den heiligen Nikolaus als Schutzpatron auswählten. Nach mittelalterlichem Glauben beschützte er die Reisenden und Kaufleute.

Während des 12. Jahrhunderts legten reisende Händler immer wieder Handelsstationen an günstigen Plätzen an. Wasserwege wie die Spree spielten in dieser Zeit eine viel größere Rolle als wir uns heute vorstellen können. Ausbau und Sicherung sowie Pflege und Instandhaltung des Fernwegenetzes zu Lande waren aufgrund der verstreuten Besiedlung noch nicht so weit gediehen, dass diese Landstraßen für die Einrichtung der Handelsstationen von größerer Bedeutung gewesen wären.

Ablass

Das Prinzip des Ablasses fußte darauf, dass man sich von seinen Sündenstrafen freikaufen konnte. Jede Sünde musste mit einer bestimmten Anzahl an Tagen im Fegefeuer verbüßt werden. Durch den Ablasshandel konnte man sich von einigen Tagen der Sündenstrafe freikaufen und so die Verweildauer im Fegefeuer verkürzen.

Ablassbriefe waren damals eine gute Geldquelle für die Kirche und wurden beispielsweise für Bauvorhaben ausgegeben. So liegen zwei gleichlautende Briefe aus dem Jahr 1379 für die Berliner Nikolaikirche und die Cöllner Petrikirche vor. Darin wird den Gläubigen versprochen, sie von ihren Sündenstrafen freizusprechen, wenn sie für den Bau einer dieser beiden Kirchen spenden.

Man kann den mittelalterlichen Ablasshandel und die Verteilung der entsprechenden Einnahmen als theologisch begründete Subventionsmethode beschreiben. Im heutigen Sinne stellten diese Einnahmen zweckgebundene »Spenden« dar, die der Kirche von den Gläubigen gestiftet wurden.

Wir wenden uns nun von der Nikolaikirche ab und gehen in südlicher Richtung zur Spree. Auf diesem Fluss konnten die Kaufleute aus Richtung Lausitz und Köpenick mit der Strömung bis an die Stelle des späteren Alten Marktes fahren und dort in einer kleinen, halbrunden Bucht, die eine natürliche Anlandungsmöglichkeit für Boote und kleine Schiffe bot, an Land gehen. Hier entluden sie die mit Waren gefüllten Boote und sicherten sie. Direkt am Ufer boten die Kaufleute ihre Waren zum Verkauf an und verlagerten vermutlich einen Teil der Schiffsladung auch zum Weitertransport auf Pferde und Wagen.

Diese halbrunde Bucht, an welcher wir uns nun befinden, wurde Kröwel oder Krögel genannt. Das Wort Krögel kommt aus dem Niederdeutschen (krouwel oder kröuwel) und bezeichnet entweder eine platzartige Ausbuchtung oder eine gabelartige Form. Die Nutzung des Krögels seit dem Mittelalter belegten archäologische Beobachtungen während der Baugrubenerstellung für das Stadtpräsidentenhaus 1930 sowie Ausgrabungen 1998, die in Vorbereitung des Baus der heutigen GASAG-Zentrale durchgeführt wurden. Der alte Berliner Krögel, auf dem jahrhundertelang Waren gehandelt wurden, musste Anfang des 20. Jahrhunderts der Weiterentwicklung des Stadtzentrums weichen. Er war mit seinen engen schmalen Gassen und den kleinen Häusern im 19. Jahrhundert zum Quartier der Armen geworden. Es gibt viele frühe Fotografien vom Krögel, der mit seinem historischen Gebäudebestand ganz archaisch aussieht und überhaupt nicht wie das Berlin wirkt, das uns heute vertraut ist.

Nach Ende des Zweiten Weltkrieges wurde der Molkenmarkt abgeschafft und stattdessen die Grunerstraße angelegt. Dadurch wurde das Viertel um die Nikolaikirche vom östlichen Teil der mittelalterlichen Altstadt, also vom Krögel und vom Jüdenhof, abgetrennt.

Vom Krögel aus traten die Handelsgüter flusswärts die Weiterreise Richtung Spandau, landwärts den Weg auf den Barnim oder nach Stettin an. Das Gelände stieg vom Spreeufer stark an. Deshalb wurde dieser Hang schon im Mittelalter mit mehreren Knüppeldämmen befestigt. Von der Ansiedlung kommend führte eine hölzerne Schmutzwasserleitung schräg hinunter zur Spree. Das gesamte Gelände befestigte man mit eingerammten Holzpfählen, zumeist mit Birkenstämmen, weil es im Uferbereich der Spree morastig war und es durch die verschiedenen Hochwasserereignisse immer wieder zu Überschwemmungen und Landverlust kam.

Während der Ausgrabungen auf dem Gebiet des Krögel im Jahr 1998 kamen im Randbereich zum südlichen Gehweg der Stralauer Straße hölzerne Strukturen zum Vorschein, die vermuten ließen, dass hier zu Beginn des 13. Jahrhunderts ein Weg verlief. Seit Kurzem kennen wir diesen Weg genauer, denn im Dezember 2021 wurde bei den großen Ausgrabungen am ehemaligen Molkenmarkt ein Bohlenweg aus der Anfangszeit der Stadt entdeckt, der erstaunlich gut erhalten ist.

Der erste Ladeplatz oder Markt am Krögel und die Siedlung um die Nikolaikirche könnten durchaus nebeneinander existiert haben, ohne bereits eine Einheit gewesen zu sein. Eine derartige Situation war häufig der erste Schritt in der Entwicklung von Siedlungen. So beschrieb der Chronist Helmold von Bosau für die Frühzeit der mittelalterlichen Stadt Lübeck das Bestehen eines mehrteiligen Siedlungsgefüges, das aus einer *civitas* und einem davon getrennten Markt bestand.

civitas

Der Begriff *civitas* kommt aus dem Lateinischen und bedeutet Stadt. Im Mittelalter wurde das Wort oft für Orte verwendet, die mit bestimmten Rechten ausgestattet waren und somit städtischen Charakter hatten. Vor allem Bischöfe bezeichneten ihre Städte gerne als *civitas*, während weltliche Fürsten oft auch den ebenfalls lateinischen Begriff *oppidum* wählten. Mancherorts kann man lesen, dass ein Ort zuerst oppidum war und sich dann zur civitas entwickelte. Ob das wirklich so war oder die Zeitgenossen die Begriffe anders benutzten, wissen wir nicht genau.

Auch in Bremen entwickelte sich der Hafen etwas abseits der Siedlung. Erst im 13. Jahrhundert erwarben Kaufleute Parzellen am Hafen, die sie bebauten und so allmählich die Lücke zwischen Hafen und Stadt schlossen.

Nach allem, was bisher durch die archäologischen Ausgrabungen in Berlin bekannt ist, scheint die Anlage der ersten Siedlung an der Nikolaikirche tatsächlich keinem herrschaftlich geleiteten »Masterplan« gefolgt zu sein. Vielmehr handelte es sich hier wohl um eine zunächst an die örtlichen Gegebenheiten angepasste Siedlung, die erst in einer zweiten Phase zur mittelalterlichen Stadt Berlin aus- und umgebaut wurde.

Kehren wir nun wieder in nördlicher Richtung zurück zur Siedlung an der Nikolaikirche. Welche Häuser würden wir bei unserer Ankunft sehen? Die ersten Häuser waren hölzerne Schwellrahmenbauten aus Holz und Lehm mit Lehmausfachungen, die an unbefestigte Straßen grenzten. Man muss sich vorstellen, dass diese Häuser meist mit dem Giebel zur Straße standen. Sie waren entweder gar nicht oder nur zum Teil unterkellert. Im hinteren Bereich vieler Grundstücke befanden sich ein größerer Garten, der der Eigenversorgung diente, sowie ein Brunnen und die Latrinen. Die Häuser waren anfangs eingeschossig. Später wurden auf das Grundgeschoss weitere Etagen aufgesetzt, oft im oberen Bereich auskragend. Das bedeutet, dass jedes neue Stockwerk etwas über das darunter liegende hinausragte. So wurde die Nutzfläche vergrößert.

Stadtmodell von Cölln mit Petrikirche, Rathaus und Mühlendamm

Auf unserem Weg zurück passieren wir den Mühlendamm. Ein Zeitgenosse Symeons hätte eine Holz- und Erdkonstruktion quer über die Spree gesehen. In der Mitte befand sich ein Schleusentor. Die Anlage des Dammes, der spätestens ab 1230 gebaut worden sein muss, steht im Zusammenhang mit dem Ausbau Berlins im 13. Jahrhundert. Eine genaue Datierung des Mühlendammes war bisher nicht möglich, weil es in den 1930er-Jahren, als der Mühlendamm großräumig umgebaut wurde, noch nicht die Möglichkeit der dendrochronologischen Datierung gab. Damals kamen viele Holzpfähle zutage, die zur Konstruktion des Mühlendammes gehört haben dürften.

Nicht nur rund um die Nikolaikirche wurde früh gebaut. Unser Weg führt uns vom Mühlendamm in nordöstlicher Richtung in den Bereich der heutigen Stralauer Straße, des Jüdenhofs und des Podewilschen Palais, denn auch dort lässt sich die mittelalterliche Nutzung archäologisch nachweisen. Eine Straße erscheint uns dabei besonders interessant, weil sie entlang der Spree direkt Richtung

Treptow, Stralau und Köpenick führte und damit die Verbindungsachse in den Herrschaftsbereich Jaczas bildete. Ihren Namen erhielt die Straße erst später, da es im Mittelalter noch keine Straßennamen gab. Vielleicht wurde aber schon in dieser Zeit von der Straße nach Stralau gesprochen.

An dieser Straße, im Bereich der heutigen niederländischen Botschaft, fanden im Jahr 2010 ebenfalls archäologische Grabungen statt. Neben Keramikscherben aus dem späten 12. Jahrhundert und entsprechenden Siedlungsspuren konnten auch die ältesten Parzellengrenzen nachgewiesen werden. Es zeigte sich hier und auch anderswo, dass diese Grenzen im Laufe vieler Jahrhunderte kaum verändert wurden, da Grundstücksgrenzen von Anfang an auch Rechtsgrenzen waren. Eines der wichtigsten Ergebnisse dieser Grabung ist die Auffindung eines abgebrannten Holzkellers, dessen Holz in die Zeit um 1174 datiert. Die Verdichtung der mittelalterlichen Siedlung und ihr Ausbau zur Stadt waren im letzten Drittel des 12. Jahrhunderts in vollem Gange. Interessant ist dabei, dass zur selben Zeit auch in Köpenick der planvolle Ausbau der Siedlung begann.

Zum Abschluss unseres kleinen Rundgangs begeben wir uns gedanklich noch einmal in die Vogelperspektive, um einen Blick auf die verschiedenen Wege, Kirchen und Häuser zu werfen.

Die ersten Siedler konzentrierten sich auf den ufernahen Bereich der Spree und orientierten sich damit möglicherweise Richtung Köpenick. Diese Ausrichtung der Ansiedlung blieb im Laufe der Zeit nicht die einzige. So gewann der nördliche Spreerandweg Richtung Spandau zum Ende des 12. Jahrhunderts allmählich an Bedeutung. Wahrscheinlich wurde der Weg endgültig auf diese Spreeseite umgeleitet, als die askanischen Markgrafen Spandau übernahmen. Im Jahr 1197 ist das erste Mal von einem Spandauer Vogt die Rede, der die Markgrafen am Ort repräsentierte. In dieser Zeit wurden in Spandau auch Stadt und Burg verlegt. Vorher ging der Fernweg Richtung Spandau am südlichen Spreeufer entlang, also auf Cöllner Seite. Er führte direkt zur Burgsiedlung Spandau und zum dort gelegenen Havelübergang.

Zur mittelalterlichen Stadt gehörte neben der Kirche und dem Marktplatz auch das Rathaus. Üblicherweise stand ein mittelalterliches Rathaus am Markt, weil das Untergeschoss als Kaufhalle diente und im Obergeschoss der Ratssaal, das Stadtarchiv und die Schreibstube untergebracht waren. In Stralsund, Lüneburg und Bremen so-

Das mittelalterliche Rathaus von Jüterbog mit Gerichtslaube (Baubeginn 1285)

wie in vielen anderen norddeutschen Städten sind die mittelalterlichen Rathäuser noch erhalten und man kann sich ein Bild von ihrer ursprünglichen Funktion machen. Oft war dem Rathaus auch die Gerichtslaube angegliedert. Dies war ein überdachter Bereich mit Bänken, der ansonsten offen war. Dort konnten die Bewohner der Stadt einen Gerichtsprozess mitverfolgen. Jeder konnte alles sehen und hören, denn mittelalterliche Gerichtsverfahren fanden in aller Öffentlichkeit statt. Die Schöffenbank der Berliner Gerichtslaube ist eines der wenigen erhaltenen Stücke aus dem Mittelalter in dieser Stadt. Sie datiert in die Zeit zwischen 1264 und 1270 und wird heute im Stadtmuseum (Märkisches Museum) ausgestellt.

Für Berlin kennen wir nur das Rathaus, das auf dem Neuen Markt stand. Der Neue Markt befand sich bei der Marienkirche, die am 3. Januar 1292 erstmals erwähnt wird und ab 1270 oder sogar noch früher erbaut wurde. Sie war die zweite Kirche Berlins. Die Stadtbevölkerung war zur Mitte des 13. Jahrhunderts so stark angewachsen,

Schöffenbank aus der Berliner Gerichtslaube (ca. 1264–74)

dass eine zweite Pfarrei notwendig wurde, um die Seelsorge für alle Einwohner zu gewährleisten. Die Leute passten nicht mehr in die Nikolaikirche hinein und durch die Vergrößerung des Stadtgebiets wurden auch die Wege zum Gottesdienst weiter.

Im Mittelalter ging man mindestens einmal am Tag in die Kirche, betete aber mehrmals. Heute verhält man sich beim Besuch in einer Kirche still. Das war im Mittelalter ganz anders. Die mittelalterlichen Gläubigen sollten beim Gebet ihre Emotionen zeigen, sie sollten aufstehen, knien, sich hinwerfen und laut weinen und schreien, um die Inbrunst ihres Gebets zu beglaubigen.

Die erste Kirche Berlins war die Nikolaikirche, deshalb wäre das erste Rathaus in der Nähe der Nikolaikirche zu vermuten gewesen. Aber dafür gibt es weder schriftliche Zeugnisse noch archäologische Hinweise. Wir erfahren aber aus den erhaltenen Urkunden viel über die Aufgaben des Berliner Rates und sogar die Namen einiger Ratsherren.

Berufshandwerk

In einer im Jahr 1272 abgefassten Urkunde bestätigten die neuen und alten Berliner »Ratmannen« die Rechte und Pflichten der Bäckergilde. Weil das tägliche Brot schon immer wichtig für die Menschen war, erwarteten die mittelalterlichen Berliner eine gute Brotqualität. Die Bäcker hatten brauchbares Brot zu backen und solange die Qualität stimmte, garantierte ihnen die Stadt einen Festpreis. In der Urkunde ist festgehalten, dass die Bäcker bei nachlassender Brotqualität vom Rat einen geringeren Preis dafür erhalten würden und dass das minderwertige Brot an die beiden städtischen Armenhöfe abgegeben werden sollte. Die Urkunde verrät uns nebenbei, dass es diese Einrichtungen der sozialen Fürsorge in Berlin gab und dass der Rat für ihren Unterhalt zuständig war.

Rat

Der Rat der Stadt war schon im Mittelalter das Organ für die Selbstverwaltung. Er hatte in dieser Zeit viele Funktionen, die wir auch heute noch kennen. So sorgte er beispielsweise für eine funktionierende Verwaltung. Darüber hinaus hatte der Rat aber im Mittelalter auch noch eine gesetzgebende Funktion und sorgte zugleich für die Einhaltung dieser Gesetze in der Stadt. Mit anderen Worten vereinigte er Judikative, Legislative und Exekutive in einer Hand, denn wenn ein Gesetz übertreten wurde, fungierte der Rat als Gericht. Zu seinen wichtigsten Aufgaben gehörten die Aufsicht und Regulierung des städtischen Wirtschaftslebens. Seine Mitglieder rekrutierten sich aus den reichsten Familien der Stadt, die sich gegenseitig immer wieder wählten. Das führte insbesondere unter den Handwerkern häufig zu Unmut und endete schließlich nach Aufständen darin, dass sie an der Selbstverwaltung beteiligt wurden.

Die Qualitätskontrolle wurde sonntags und mittwochs von den Ratsherren durchgeführt, die das auf den Scharren zum Verkauf angebotene Brot kontrollierten. Selbstverständlich mussten sich die Bäcker das Recht zum Backen von der Stadt erkaufen und unterstanden dem Gildemeister. In der Urkunde ist auch das Vererben der Backgenehmigung innerhalb der Gilde geregelt.

In einer Urkunde aus dem Jahr 1280 erteilten die Ratsleute Thomas von Straußberg, Heiso Krämer, Dietrich Messermacher, Heinrich Kaufmann, Lüdecke Blawe, Johann von Prettin und weitere, deren Namen aber in der Urkunde nicht genannt werden, den Kürschnern der Stadt ihre Privilegien. Im Mittelalter bezeichneten Privilegien einfach die Rechte, die für eine bestimmte Gruppe von Menschen galten. Auch in diesem Dokument geht es darum, den Handel zu regulieren und die Konkurrenz zu beschränken. In einer Zeit, in der Leder ein wichtiger Grundstoff für viele Dinge des alltäglichen Gebrauchs war, war dies von großer Wichtigkeit.

So wurden auch der Schuhmachergilde im Jahr 1284 ihre Rechte und Pflichten bestätigt. Die Ratmannen Nikolaus von Lietzen, Johannes von Blankenfelde und Nikolaus von Bötzow regelten gemeinsam

Gilde
Eine Gilde ist ein Zusammenschluss von Kaufleuten und Handwerkern. Oft findet man auch den Begriff »Zunft«, der nicht immer eindeutig von der Gilde zu unterscheiden ist. Beide Begriffe meinen aber ungefähr dasselbe. Beide Vereinigungen waren Interessenverbände, nach Gewerken getrennt, und boten ihren Mitgliedern Schutz und Hilfe. Dies ging sogar über den Tod hinaus, denn die Gilde sorgte auch für die Hinterbliebenen, wenn das Familienoberhaupt beziehungsweise der Hauptverdiener starb. Insofern hatten die Gilden auch eine wichtige soziale Funktion. Außerdem sorgten sie dafür, dass sich alle ihre Mitglieder an die Gesetze der Stadt hielten, hatten also auch eine wichtige Ordnungsfunktion, und traten nicht zuletzt als Körperschaft vor dem Stadtrat auf, was die Position des Einzelnen stärkte.

mit anderen Ratsleuten die Bedingungen für den Erwerb einer Lizenz zur Ausübung des Schuhmacherhandwerks in Berlin.

Im selben Jahr bestätigten Nikolaus von Lietzen, Conrad von Schönhausen, Johannes von Blankenfelde, der Schulze von Baruth und Dietrich Messermacher auch den Schuhflickern (Oldbuters) ihre Rechte und Privilegien, die sie seit der ersten Gründung der Stadt innehatten. Man kann sich gut vorstellen, dass neben den Schuhmachern die Schuhflicker sehr wichtig waren. Ihre Hauptaufgabe bestand darin, neue Sohlen an alten Schuhen anzubringen sowie neue Vorschuhe zu machen. Vorschuhe sind die Lederkappen von Holzpantinen. Aber sie durften auch Begräbnisbahren herstellen, das wurde ihnen ausdrücklich vom Rat gestattet.

Schuhmacher

Im Jahr 1288 wurde den Berliner Schneidern eine Urkunde ausgestellt, die Nikolaus von Lietzen, Johannes von Blankenfelde, Conrad – ehemals Schulz in Baruth –, Konrad von Beelitz sowie andere Ratmannen von Berlin unterzeichneten. In dieser Urkunde wurden den Berliner Schneidern die gleichen Rechte zugestanden, die auch den Schneidern in der Stadt Brandenburg zustanden. Hieran erkennt man, dass zwar

Kürschner
Die Bezeichnung Kürschner ist heute weitestgehend unbekannt, da das Handwerk nur noch selten ausgeübt wird. Ein Kürschner stellte Leder her. Dies war ein sehr geruchsintensives Unterfangen, denn er benötigte für die Bearbeitung der Tierhäute Urin als Gerbmittel. Bei der Reinigung der Häute fielen außerdem übelriechende Fleischabfälle an. Aus diesem Grund waren die Kürschner meist am Stadtrand angesiedelt, in der Nähe des abfließenden Gewässers, damit ihre Abfälle nicht durch die Stadt schwammen. Erst in späterer Zeit stellte der Kürschner seine Felle nicht mehr selbst her, sondern fertigte nur noch edle Pelzwaren an. Damit stieg auch sein Prestige.

jede Stadt ihre eigenen Rechtsvorschriften hatte, dass man sich aber durchaus an den Statuten anderer Städte orientierte, wenn dies sinnvoll und hilfreich erschien. Zum Vergleich: Wer heute einen Verein gründen will, braucht eine Satzung. Dazu kann man im Internet oder in Büchern vorformulierte Standardentwürfe finden, an denen man sich bei der Abfassung der eigenen Vereinssatzung orientieren kann. In der Gründungszeit war für viele Orte in der Mark Brandenburg die Stadt Magdeburg in dieser Hinsicht das wichtigste Rechtsvorbild. Zahlreiche brandenburgische Städte organisierten sich nach Magdeburger Recht und veränderten nur einzelne Passagen entsprechend ihrer eigenen Bedürfnisse. Bei nicht zu klärenden Rechtsfragen konnte das Magdeburger Gericht als oberste Instanz angerufen werden.

Schneider

Doch zurück zu den Berliner Schneidern. Sie mussten nicht nur eine bestimmte Summe an den Rat zahlen, wenn sie ihr Handwerk in Berlin ausüben wollten, sondern darüber hinaus auch noch zwei Pfund Wachs für Kerzen geben. Für künstliche Beleuchtung zu sorgen war kostspielig. Es wurden hierfür Talglichter benutzt, bei denen das Brennmittel Tierfett war. Außerdem gab es Öllampen und Kienspanleuchter, Pechfackeln und Ker-

Wollkämmer

zen aus Bienenwachs. Bienenwachs war dabei das teuerste Licht, weshalb dieses »Zahlungsmittel« in vielen Urkunden vorkam. Man kann daran ermessen, wie wertvoll es zu dieser Zeit war. Der Berliner Rat legt in der Urkunde auch fest, dass von den Gebühren der Schneider ein bestimmter Teil des Geldes und ein halbes Pfund Wachs an das Heiliggeistspital in der Spandauer Straße und an das Haus der Aussätzigen, also an das Georgenspital am Alexanderplatz, abgegeben werden sollten. So wurde wiederum die soziale Fürsorge sichergestellt, die neben der Rechtsprechung und der Rechtspflege zu den wichtigsten Aufgaben der Stadtregierung gehörte.

Eine interessante und besondere Regel in der Urkunde der Schneider besagte, dass Kleidung, die aus mehreren Stücken zusammengesetzt war, nicht auf dem Wochenmarkt, sondern nur auf dem Jahrmarkt verkauft werden durfte. In der Urkunde wurde genau aufgeführt, welche Kleidungsstücke damit gemeint waren: Wämser (Untergewand der Ritter unter der Rüstung, aber auch ärmellose Weste zum Daruntertragen mit Ärmeln zum Anschnüren), Kapuzen, Kolter (gesteppte Wolldecke) und Jacken.

Im Erbrecht der Schneider wurden nicht nur die Söhne bedacht, sondern auch ausdrücklich die Töchter genannt, die zumindest die Hälfte des väterlichen Geschäfts erben konnten. Die städtischen Gilden hatten dafür zu sorgen, dass ihre Mitglieder sich an alle Gesetze hielten. Beging ein Schneider Diebstahl oder Betrug, wurde er für alle Zeit aus der Gilde ausgeschlossen und verlor damit das Recht, sein Handwerk in Berlin auszuüben. Im Mittelalter gab es keine Polizei, welche die öffentliche Ordnung hätte sichern können. Es gab Stadtwachen, deren Aufgabe die Sicherung der Stadtmauer und der Stadttore war, aber nicht die Überwachung der Stadtbevölkerung. Die Berliner Polizei entstand erst im frühen 18. Jahrhundert.

Eine andere wichtige Urkunde aus dem 13. Jahrhundert enthält die Bestätigung der Rechte der Wollweber und Tuchmacher.

Sie wurde im Jahr 1289 ausgestellt. Bezeugt wurde dieses Dokument von den Ratsherren Jakob von Lietzen, Zabel von Steinhausen, Denecke von Belgern und Johannes Buch. Wir erfahren auch, dass die Urkunde durch den Schreiber Johann von Barby aufgesetzt wurde.

Kürschner

Es ist nur selten bekannt, wer die Schreibarbeit für den Rat übernahm, obwohl das eine sehr wichtige Aufgabe war. Im 12. und 13. Jahrhundert war noch längst nicht jeder in der Lage zu schreiben. Es gingen zwar viele Leute zur Schule, aber meist nur für wenige Jahre, sodass sie Grundlagen im Lesen, Schreiben und Rechnen hatten. Die städtischen Urkundenschreiber hingegen waren Experten. Sie wussten genau wie eine Urkunde, also ein Rechtstext, auszusehen hatte. Damals gab es noch keine vorgefertigten Formulare, in die man einfach das Gewünschte eintragen konnte.

Dennoch ähneln sich die meisten mittelalterlichen Urkunden im Aufbau: Sie begannen und endeten mit Standardformulierungen, es wurden jene Zeugen benannt, die bei den Verhandlungen anwesend waren, und die Dokumente wurden durch Unterschrift und oftmals viele Siegel beglaubigt. Insofern sind diese Urkunden zweifellos die Vorläufer unserer heutigen Formulare, Gesetzestexte und Amtsbriefe. Sie waren für die mittelalterlichen Zeitgenossen genauso wichtig, wertvoll und richtungsgebend wie unsere heutigen. Und wahrscheinlich manchmal genauso unverständlich!

Die Urkunde für die Wollweber wird ergänzt durch einen Innungsbrief aus dem Jahr 1295, der genaueste Vorschriften zu Herstellung und Verkauf von Tuch macht. Darin wird nicht nur das Färben der Tuche geregelt, sondern auch die Anzahl der Webstühle pro Meister. Weben durfte demnach nur, wer dafür eine entsprechende Genehmigung erhalten hatte. Die Weitergabe von Auftragsarbeiten, also die Beschäftigung von Subunternehmern im heutigen Sinn, war streng untersagt. Es war auch ausdrücklich verboten, Beginen für Auftragsarbeiten in Anspruch zu nehmen.

Beginen
Beginen waren religiöse Frauen, die nicht in ein Kloster eintreten wollten oder konnten. Die Plätze in Nonnenklöstern waren in manchen Zeiten knapp. Sie lebten und arbeiteten gemeinsam in kleinen Gruppen in einem Stadthaus. Der Vorteil dieser Lebensform war, dass die Frauen stärker über ihr eigenes Leben bestimmen konnten, als ihnen die mittelalterliche Gesellschaft sonst zugestand. So hatten sie beispielsweise das Verfügungsrecht über ihr Erbe, das für gewöhnlich im Falle einer Heirat an den Ehemann überging. Für dieses Leben entschieden sich Frauen aus allen gesellschaftlichen Schichten. Manche von ihnen bestritten ihren Lebensunterhalt durch Handarbeiten. Sie wurden im Laufe der Zeit an einigen Orten eine echte Konkurrenz für die ansässigen Schneider.

In der Urkunde ist weiterhin explizit formuliert, dass es verboten war, den jüdischen Einwohnern der Stadt Garne zu verschaffen. Durch diese Bestimmungen versuchte man nach Möglichkeit, die Konkurrenz für die Tuchmacher zu begrenzen. Dazu gehörte auch das Verkaufsverbot für importierte Stoffe.

Wir lernen aus dieser Passage, dass die jüdischen Einwohner also selbst keine Tuche herstellen durften, weil ihnen der Erwerb des dazu benötigten Ausgangsmaterials per Verordnung untersagt war und dass sie darüber hinaus auch keine Stoffe verkaufen durften, die sie außerhalb der Stadt erworben hatten. Das ist sehr interessant, da 2023 bei den Ausgrabungen im Bereich des Jüdenhofes zahlreiche Reste von Seiden- und Brokatstoffen aus dem Spätmittelalter gefunden wurden, die nachgewiesenermaßen nicht in Berlin produziert wurden. Möglicherweise stammen sie aus England oder aus Italien. Im sauren Berliner Sandboden bleiben nur sehr selten Überreste von Textilien erhalten, deshalb sind die jüngsten Stofffunde vom Jüdenhof ein wichtiges Forschungsmaterial, das uns viele Fragen aufgibt. Auch in den Gräbern der alten Berliner ist nur sehr selten Stoff erhalten geblieben, obwohl die Toten alle bekleidet ins Grab kamen. Aber die Bodenlagerung lässt davon nichts übrig.

Der Innungsbrief der Wollweber und Tuchmacher endet schließlich mit der Festlegung, dass kein Tuchmacher mehr als acht Stück Gewand im städtischen Kaufhaus anbieten durfte. Mit dem städtischen Kaufhaus ist die Kaufhalle des Rathauses gemeint. Diese Kaufhalle wurde in den vergangenen Jahren sorgfältig ausgegraben. Unter ihren Fußböden wurden Tausende Fundstücke entdeckt, unter anderem Hunderte von Münzen, die einen regen Geschäftsbetrieb belegen.

Man kann an den Urkunden für die verschiedenen Berliner Gewerke gut nachvollziehen, worin die Aufgabe des Rates einer Stadt hauptsächlich bestand. Der Rat war das Organ, das für Rechtssicherheit sorgte, indem es über Zulassung, Qualität und Menge der angebotenen Waren bestimmte und zugleich die Bedingungen für das Ausüben der Handwerke definierte.

Tuchhändler

Aber die Urkunden zeigen uns noch einen ganz anderen Aspekt des Stadtlebens im 12. und 13. Jahrhundert: Die Sprache im mittelalterlichen Berlin war Niederdeutsch. Auch wenn die Urkundentexte in Latein geschrieben sind, kommen darin immer wieder einzelne Wörter vor, für die der Schreiber keine Übersetzung kannte. Diese Wörter schrieb er dann so auf, wie er sie hörte, Rechtschreibregeln gab es noch nicht. Heute gibt uns diese lautmalende Schreibweise Auskunft über die damals gesprochene Sprache. Erst ab etwa 1400 beginnt sich die Sprache in Berlin durch verschiedene Einflüsse zu verändern, bis sie schließlich zu dem Berlinisch wird, das auch heute noch gesprochen wird.

Das (erste?) Rathaus

Bei den Ausgrabungen am mittelalterlichen Berliner Rathaus seit dem Jahr 2009 wurden nicht nur unzählige Funde gesichert, es konnte auch durch Münzfunde eine Datierung des ersten Baus in das letzte Drittel des 13. Jahrhunderts nachgewiesen werden. In Berlin wird 1280 erstmals eine markgräfliche Münzstätte erwähnt. Erst im Jahr 1369 verkauften die Markgrafen die Münze an die Stadt. Seitdem konnten dann auch Berliner Münzen geprägt werden. Zu dieser Zeit scheint es Berlin gut gegangen zu sein, denn wie wir zuvor gesehen haben, wurde damals die Marienkirche am Neuen Markt gebaut und wohl auch das Rathaus, wenn wir den Archäologen Glauben schenken dürfen.

Mauerbergung am mittelalterlichen Berliner Rathaus für das geplante archäologische Fenster, 2013

In der Nähe des Rathauses wurden Gräben, Gruben und ein hölzerner Kastenbrunnen freigelegt, die allesamt in das erste Viertel des 13. Jahrhunderts datieren. Sie zeigen, dass die städtische Bebauung schon kurz nach 1200 bis in den Randbereich des Neuen Marktes vorgedrungen war. Der Neue Markt lag am Roten Rathaus, das ist aus heutiger Sicht natürlich nahe an der Nikolaikirche. Für das Mittelalter aber galten andere räumliche Bezüge. So lag das Georgenspital, in dem die »Aussätzigen«, also die Leprakranken, versorgt und von der Stadtgesellschaft abgesondert waren, schon außerhalb von Berlin, kurz hinter der Stadtbefestigung. Es lag am Alexanderplatz, wo derzeit das Kaufhaus Saturn steht. Im Zuge der Baugrubenerstellung für das Gebäude von Saturn wurde ein Teil der Gräber des ehemaligen Georgenfriedhofs wiederentdeckt.

Über ein Vorgängerrathaus am Alten Markt (Molkenmarkt) wissen wir nichts. Im Jahr 1247 wurde wie bereits erwähnt in einer Urkunde erstmalig ein Schulze namens Marsilius genannt. Das Datum der Urkunde fällt in etwa mit der rechtlichen Stadtwerdung von Berlin um 1230 zusammen. Ob der Schulze Marsilius auch in Cölln tätig war, ist nicht bekannt. Die Einsetzung eines markgräflichen Schultheißen für beide Städte Berlin und Cölln könnte aber so gewertet werden, dass die Markgrafen versuchten, über dieses Amt die zwei bisher getrennten Gemeinwesen zu vereinen, genauso wie es die Einsetzung des Cöllner Pfarrers Symeon als Berliner Propst nahelegt.

Der Bau eines Rathauses ist eine Reaktion auf die Erteilung der Stadtrechte. Das ist für Berlin aufgrund der Frankfurter Urkunde nicht vor 1230 anzunehmen. Diese strukturelle Entwicklung zur Stadt setzte lange vor der offiziellen Übernahme der Gebietsherrschaft durch die askanischen Markgrafen ein. Die Chronik der Markgrafen von Brandenburg, die ungefähr um das Jahr 1280 geschrieben wurde, berichtet, dass die Markgrafen Berlin ausbauten, Cölln wird darin jedoch nicht erwähnt.

Frankfurter Urkunde
Die Frankfurter Urkunde von 1253 dokumentiert die Verleihung der Berliner Stadtrechte an die Stadt Frankfurt/Oder. Hier werden viele der Berliner Rechte, die sich ja bekanntlich an Brandenburg und Magdeburg orientierten, erstmals erwähnt. Wir haben damit ein weiteres Beispiel für die Weitergabe bereits vorhandener und bewährter Rechte von Stadt zu Stadt. So wurde ein weitestgehend einheitlicher Rechtsraum geschaffen, der besonders den Kaufleuten Sicherheit gab.

Die Markgrafen in Berlin

Berlin ist nicht aus einer Burg entstanden und es hat dort auch kein Schloss gegeben. Das entstand erst im 15. Jahrhundert auf Cöllner Seite. Dies könnte bedeuten, dass die erste Siedlung ohne direkten herrschaftlichen Einfluss entstand. Vielleicht bekamen die Kaufleute, welche die günstige Landungsstelle am nördlichen Spreeufer ausbauten, zunächst Rückendeckung aus Köpenick? Aus dem Reich kommende Händler standen zwar unter königlichem Schutz, sie waren aber zweifellos auf das Wohlwollen der lokalen Herrschaftsträger angewiesen. Die ersten Bautätigkeiten in Berlin fallen in jene Zeit, in der die wettinischen Markgrafen von der Ostmark/Lausitz anfingen, den Ort Köpenick auszubauen. Nachdem das umliegende Land kurz vor der Mitte des 13. Jahrhunderts in die Hände der askanischen Markgrafen übergegangen war, scheint der Bau einer Burg zur Verteidigung nicht mehr notwendig gewesen zu sein, da die territorialen Herrschaftsansprüche geklärt waren. Gegen fremde Angriffe erhielt Berlin eine Stadtbefestigung aus Holzpalisaden mit einem davor liegenden Graben. Um 1309 wurde diese Holzkonstruktion durch eine Steinmauer ersetzt. Ein winziger Rest davon ist noch in der Waisenstraße erhalten.

Der erste Sitz der Markgrafen in Berlin, der markgräfliche Alte Hof beziehungsweise das Hohe Haus im Nordosten der Stadt, wurde neben der kaufmännischen Siedlung angelegt. Durch den Bau eines festen Hauses verankerten die Markgrafen ihre Präsenz vor Ort und machten deutlich, wer von nun an hier herrschte. Ihr Hof in Berlin lag günstig am Weg nach Norden und bildete so eine Verbindung zwischen der Stadt und dem neu erworbenen Barnim. Die erste Erwähnung der »aula Berlin bei Cölln« in einer markgräflichen Urkunde von 1261 macht deutlich, dass die Markgrafen hier tatsächlich nur ein befestigtes Haus hatten. Dieses Haus war aber sicherlich sehr repräsentativ und eindrucksvoll, wie ein steinernes Portal zeigt, das sich heute im Märkischen Museum befindet. Dieses Portal wurde gesichert, als das Hohe Haus im Jahr 1930 abgerissen wurde.

Mittelalterliche Herrscher betonten häufig, was alles zu ihrem Herrschaftsbereich gehörte, und deshalb ist es ernst zu nehmen, wenn sie in einer Urkunde nur von einem Haus oder einem Hof sprechen. Denn warum sollten sie nur von einem festen Hof sprechen, wenn sie doch eine ganze Stadt als Prestigeobjekt anführen könnten? Die Markgrafen benannten gerade nicht die *civitas Berlin* als Referenzpunkt, sondern ihren dort gelegenen Hof. Mit der Formulierung »Berlin bei Cölln« hoben sie »ihre Stadt Cölln« hervor und machten ausdrücklich öffentlich bekannt, dass sich diese in ihrem Besitz befand. In der Urkunde von 1261 schenkten die Markgrafen außerdem die Heide, die in der Nähe ihres Hofes lag, den Bürgern von Cölln. Dieses Gebiet hatte vorher dem Ritter Rudolf von Stralau gehört. Man sieht hieran, dass es schon länger eine Verbindung zwischen Stralau und dem Gebiet gab, auf dem später Berlin entstand.

Das Steintor des Hohen Hauses wurde im Märkischen Museum eingebaut.

Die Positionierung des Markgräflichen Hofes an der Berliner Stadtgrenze erinnert an die Situation in der Neustadt Brandenburg. Hier lag der markgräfliche Hof ebenfalls am Rande der Stadt, deren Fläche erst sehr viel später vollständig bebaut wurde. Das mag damit

zusammenhängen, dass die Vermessung der Fläche eines Ortes den rechtlichen Urpunkt einer Siedlung darstellte. Schon seit der Antike kennen wir Schilderungen, dass bei der Neugründung einer Siedlung das zukünftige Territorium mit einem Pflug umfahren wurde, wie es auch im *Sachsenspiegel* dargestellt ist. Diese Gesamtfläche wurde in Regelflächen unterteilt und damit eingegrenzt. Das heißt nicht, dass die vorgesehene Fläche anschließend gleich komplett bebaut wurde, aber die Grundstücke waren rechtsfest ausgewiesen und die Infrastruktur der Siedlung konnte in Betrieb genommen und langfristig entwickelt werden. Dadurch bestand für zeitlich nachfolgende Bauvorhaben, die eine größere Fläche benötigten, selten die Möglichkeit, die Ursprungsanlage zu verändern, denn das hätte gleichzeitig eine Änderung der damit verbundenen Rechte und der bestehenden Infrastruktur bedeutet. Also siedelte man sich stattdessen in der Peripherie der ursprünglichen Anlage an.

Genauso wie in der Neustadt Brandenburg überließen die Markgrafen von Brandenburg auch in Berlin einen Teil ihres neuen Grundstücks einem Bettelorden zum Bau eines Klosters, wie einer Urkunde von 1271 zu entnehmen ist: »Im Jahre des Herrn 1271 haben die erlauchten Fürsten und Herren, Herr Otto und Herr Albert, Markgrafen zu Brandenburg, aus besonderer Neigung gegen den Orden, den Platz, auf dem dieses Kloster erbaut ist, den Brüdern gnädiglich zu ewigem Besitze geschenkt.«

Bettelorden

Seit Beginn des 13. Jahrhunderts entstanden zuerst in Italien und Frankreich die sogenannten Bettelorden als Reformbewegung gegen die bis dahin bestehenden Mönchsorden. Diese waren im Laufe der Zeit zu sehr viel irdischem Wohlstand gekommen und viele Menschen bezweifelten, dass sie ihrer wichtigen gesellschaftlichen Aufgabe, nämlich den Kontakt zu Gott zu halten, noch gerecht werden konnten. Aus diesem Wunsch heraus gründete zuerst Franziskus in Assisi den Orden der Minderen Brüder, wenig später trat Dominicus von Caleruega mit einer ähnlichen Idee auf und gründete in Südfrankreich den Orden der Predigerbrüder. Beide Orden ernährten sich zunächst nur von dem, was die Menschen ihnen als Almosen zukommen ließen.

Die hier genannten Brüder gehörten dem Franziskanerorden an, der zu Beginn des 13. Jahrhunderts in Italien gegründet worden war. Seit-

Grabplatte des Conrad von Beelitz aus der Franziskanerklosterkirche in Berlin-Mitte, 1308

dem breitete sich der Orden sehr schnell in ganz Europa aus. Es wurde zur Mode, ihn zu unterstützen und zu sich in die Stadt zu holen, denn die Anwesenheit eines Mönchsordens ergänzte das Angebot für die Stadtbevölkerung, ihr Seelenheil abzusichern. Außerdem waren die Brüder gebildet. Sie erweiterten mit ihrer Bibliothek und den dort betriebenen Studien das Bildungsangebot einer Stadt. Auch in Berlin entstand am Grauen Kloster zunächst eine Klosterschule, aus der sich später das bis heute bestehende Gymnasium zum Grauen Kloster entwickelte. Der Name Graues Kloster kommt daher, dass die Franziskaner in ihren ungefärbten Kutten auch die grauen Mönche genannt wurden.

Es dauerte nicht lange, bis sich die reichsten und angesehensten Bürger Berlins in der Kirche des Mönchsordens beisetzen ließen. Das tat auch der Kaufmann Konrad von Beelitz, der uns in der Urkunde von 1288 für die Berliner Schneider als Ratsmitglied begegnet ist.

Es war gut für das Seelenheil eines mittelalterlichen Bürgers, die Franziskaner finanziell großzügig zu unterstützen. Im Jahr 1290 schenkte deshalb der Ritter Jakob von Riebede dem Franziskanerorden eine Ziegelei, die zwischen Tempelhof und Berlin lag, um den Bau des Klosters zu unterstützen. Wie wir wissen, wurde das ein sehr repräsentativer Bau, dessen Überreste noch heute erhalten sind.

Die Entstehung Berlins ist kein Sonderfall. Viele Städte in der Mark Brandenburg entwickelten sich auf ähnliche Art und Weise in mehreren Teilschritten. Woher die ersten Berliner Siedler kamen, wissen wir noch nicht. Es ist zu vermuten, dass sie teilweise aus der näheren Umgebung stammten, teilweise aber auch aus anderen Gegenden, weil Neuansiedlung auch Neuorientierung bedeutete. Die Vorstellung vom dauerhaften Verweilen an ein und demselben Ort ist ein relativ neues Konzept.

Im Mittelalter hatten die Menschen klar begrenzte Möglichkeiten für einen gesellschaftlichen Aufstieg. Die meisten Familien hatten mehrere Nachkommen. Man konnte Vermögen oder ein Geschäft ererben, aber beim Erben wurde der Bestand geteilt. Deshalb wurde meist eine Einzelperson, in der Regel der erstgeborene Sohn, begünstigt. So wurde der Vermögensbestand gesichert. Man konnte auch eine geistliche Laufbahn einschlagen, also eine von der Kirche finanzierte Ausbildung beginnen, um sich gesellschaftlich zu etablieren. Und schließlich blieb noch die Möglichkeit fortzugehen, um woanders sein Glück zu suchen.

Die Berliner Stadtmauer in der Waisenstraße

Unsere schriftlichen Quellen geben zu all diesen Vorgängen leider keine Auskunft, aber die archäologischen Untersuchungen werden uns zukünftig auch dabei helfen, die entsprechenden Vorgänge besser zu verstehen. Dabei zeigt die archäologische Überlieferung keineswegs ein vollständiges Bild. Was im Boden überdauert, ist dem Zufall geschuldet, und viele historische Ereignisse manifestieren sich nicht im Boden. So hinterlassen beispielsweise politische Entscheidungen oder der alltägliche Handel auf dem Markt keine archäologischen Spuren. Die archäologische Überlieferung stimmt also nicht unbedingt mit den historischen Überlieferungen überein. Indem man Ergebnisse aus beiden Forschungen zusammenfügt, ergeben sich jene Spuren, denen wir in diesem Buch folgen.

Kapitel 6
Mittelalterliche Stadtgesellschaft

Living History im Freilichtmuseum Nienover

Wenn man in die mittelalterliche Vergangenheit schauen will, muss man sich die damals herrschenden wirtschaftlichen, politischen und kulturellen Abhängigkeiten sowie die zeitgenössischen Regeln vergegenwärtigen, um die gesellschaftlichen Verhältnisse besser zu verstehen, denn sie waren wirklich sehr anders als heute. Das fällt zunächst schwer, weil uns vieles, was damals üblich war, heute als absolutes Übel gilt. So war die Epoche des Mittelalters in einem Ausmaß geprägt von Unfreiheit und Ungleichheit, wie wir es uns, jedenfalls in Mitteleuropa, kaum noch vorstellen möchten. Dies fing damit an, dass Menschen je nach dem Stand, in dem sie lebten, ganz verschieden gestellt waren. Am schlimmsten dran waren wohl die Leibeigenen, über die ihre Herren fast wie über Sklaven verfügten. Dieses Rechtsverhältnis nannte man Hörigkeit, und es ist kein Wunder, dass es im heutigen Sprachgebrauch als Ausdruck dafür verwendet wird, wenn jemand von einem anderen absolut abhängig ist. Aber auch Kinderarbeit war an der Tagesordnung und Frauen waren Männern klar untergeordnet.

Emotional waren uns die mittelalterlichen Menschen sicher sehr ähnlich, aber die meisten Leute konnten sich damals persönlich nicht in jener Art und Weise entfalten, die für uns heute Normalität ist. Uns erscheint es selbstverständlich, dass sich jeder Mensch individuell verwirklichen kann und entsprechend seiner persönlichen Fähigkeiten gefördert wird. Das war im Mittelalter kaum vorstellbar. Vor allem auch, weil sich die Menschen als Kreaturen Gottes verstanden. Gott entschied über Glück und Unglück, über Gelingen und Versagen. Der oder die Einzelne konnte für das eigene Seelenheil und das ihrer Lieben inbrünstig beten – die Entscheidungen aber lagen außerhalb der eigenen Einflusssphäre. Deshalb werden sich die meisten Menschen möglicherweise nicht einmal gefragt haben, was sie selbst gewollt hätten, denn ihr Schicksal lag nach ihrem Verständnis nur bedingt in ihren eigenen Händen. Die meisten Menschen konnten

Markgraf Otto IV. von Brandenburg (1266–1309) mit Dame beim Schachspiel. Codex Manesse, um 1310–40

im Mittelalter auch keine Obrigkeit wählen, wie es für uns selbstverständlich ist. Im Mittelalter kam der Landesherr aus einer adligen Herrscherfamilie, allein seine Abstammung qualifizierte ihn zur Führung. Selbstverständlich wurden die zukünftigen Herrscher – im Regelfall der erstgeborene Sohn – für die auf sie zukommenden Aufgaben vorbereitet und geschult, aber es zählte für die Auswahl vor allem die Blutsverwandtschaft sowie die Reihenfolge der Geburt und kaum die individuelle Befähigung.

Der Landesherr sorgte für die militärische und rechtliche Sicherheit des von ihm beherrschten Territoriums und der Kirchenherr wachte über den rechten Glauben. Der hiesige Landesherr war der Markgraf von Brandenburg. Mark bedeutete »Grenzland« und Brandenburg bildete im Mittelalter den östlichen Rand des Heiligen Römischen Reiches. Kirchenherr war der Bischof von Brandenburg, der dem Erzbischof von Magdeburg unterstellt war und dieser wiederum dem Papst. Der oberste Herr des Reiches war der König (beziehungsweise Kaiser), der von einer kleinen Gruppe von Reichsfürsten – den Kurfürsten – gewählt wurde. Die Kurfürsten hießen so, weil sie den König küren, also bestimmen, durften. Es gab im Spätmittelalter sieben Kurfürsten, die den deutschen König wählten. Sie waren damit politisch sehr einflussreich. Zu diesen Sieben gehörte auch der Markgraf von Brandenburg. In der Zeit vor 1298 spielte das Kurfürstenamt aber noch kaum eine Rolle.

Ständeordnung

Unterhalb des Landesherrn bildete der Klerus (Domherren, Bischöfe, Priester) den ersten Stand. Seine Angehörigen konnte man nicht nur an ihrer je nach Orden beziehungsweise Amt verschiedenfarbigen Kuttenkleidung erkennen, sondern auch an ihrer kahl rasierten Schädelkappe (Tonsur). Es war der einzige Stand, in den man nicht hineingeboren wurde, sondern den man selbst (oder wohl häufiger die Eltern) wählte. Er versprach einem zumindest bescheidenen Wohlstand, den führenden Klerikern auch Reichtum und Einfluss.

In Berlin und Cölln durften Kleriker nicht das Bürgerrecht erhalten, ähnlich wie auch in manchen anderen deutschen Städten. Den zweiten Stand bildete der Adel, wobei es durchaus »arme« Ritter, aber auch sehr reiche Fürsten gab. Im dritten Stand waren alle anderen versammelt, wobei zwischen den Leibeigenen und den reichen städtischen Kaufleuten enorme Unterschiede in der Lebensqualität bestanden. Die Zugehörigkeit zu allen drei Ständen wurde durch die Kleidung kenntlich gemacht. So trugen Mönche zum Beispiel Kutten aus Burat oder Borrat, einem schwarzen halbseidenen Stoff, der im Berliner Stadtbuch explizit genannt ist und der offenbar in Berlin auch hergestellt wurde, da man zwar seine Ausfuhr besteuerte, den Verkauf im Land jedoch nicht. Den Stadtbürgern waren üppiger Schmuck, ausländische Pelze sowie Silber-, Goldstoffe und Seide zumindest auf dem Papier verboten, solch kostbare Bekleidung war nur dem Adel vorbehalten. Man durfte sich nicht mithilfe der Gewandung über seinen eigenen Stand herausheben. Wie die Kleidung im Einzelnen aussah, wird in Kapitel 7 dargestellt. In der Zeit des Mittelalters war die Gesellschaft von mündlicher und visueller Kommunikation bestimmt. Selbstverständlich gab es auch zahlreiche schriftliche Dokumente, etliches davon ist bis heute erhalten geblieben, aber Urkunden und andere Schriften wurden nur zu besonderen Anlässen oder Zwecken verfasst. Um sie zu vervielfältigen, mussten sie abgeschrieben werden. Das übernahmen Mönche in Klöstern, die ganze Bücher kopierten, oder auch öffentliche Notare, die mit ihren Schreib- und Lesefähigkeiten ihren Lebensunterhalt bestritten. Oft waren auch Lehrer zusätzlich als Stadtschreiber tätig. Im 12. und 13. Jahrhundert spielten Schrift und Schreiben im täglichen Leben nur eine untergeordnete Rolle, schon weil die meisten nur wenig alphabetisiert waren. Der Buchdruck wurde erst Mitte des 15. Jahrhunderts erfunden.

Rechtliche Gleichheit aller Menschen, wie sie für uns selbstverständlich ist, war im Mittelalter kein erstrebenswertes Ideal. Vielmehr war es als Normalität anerkannt, dass es Leute verschiedenen Standes gab, die sich auf unterschiedliche Weise und rechtlich abgestuft in der Gesellschaft betätigten. Man stellte sich diese als einen gemeinschaftlichen Körper vor, in dem die Stände wie die menschlichen Organe zusammenwirkten. Das schloss die Kritik an einzelnen Ständen nicht aus, wie man am »Berliner Totentanz« in der Marienkirche gut studieren kann, wo jeweils eine weltliche und eine geistliche Person mit dem Tod das Tanzbein schwingen und dabei ihre Sünden bereuen. Die Figuren des Totentanzes verdeutlichen auch die Vielfalt der unterschiedlichen Typen innerhalb der einzelnen Stände. Diese malerische Mahnung rüttelt dabei aber keineswegs an dem ständischen Prinzip als Ganzem.

Doch war das gesellschaftliche Leben in den Städten nicht anders gestaltet? War man dort nicht gleich und frei unter den Bürgern? Bekannt ist der Spruch: Stadtluft macht frei. In der Tat steht er für die Idee, dass man nach einer gewissen Verweilzeit innerhalb einer Stadt – nach »Jahr und Tag« – aus der ländlichen Unfreiheit, also der Hörigkeit, dauerhaft entkommen konnte, jedenfalls sofern der Herr den Leibeigenen unterdessen nicht zurückgefordert hatte. Dies galt jedoch nicht für alle Städte und Berlin und Cölln waren nach unserer

Wandmalerei Totentanz im Turm der Berliner Marienkirche

Kenntnis nicht darunter. Allerdings konnten sich gewiss auch hier Hörige frei machen, indem sie sich zum Beispiel von ihren Herren freikauften. In der Tat galt »Freiheit« als Merkmal der Stadtbürger, darf jedoch nicht im heutigen Sinne staatsbürgerlicher Freiheit missverstanden werden. Es gab im Mittelalter immer eine Herrschaft, auch in den sogenannten Freien und Reichsstädten, über denen nur der Kaiser stand. Dementsprechend waren die Einwohner nicht wirklich frei, denn dort gab es eine strenge Obrigkeit der führenden Geschlechter. Die Städte Berlin und Cölln unterstanden wie erwähnt den Markgrafen von Brandenburg. Weil diese aber bis ins 15. Jahrhundert keine starke Präsenz in ihren Städten zeigten, genossen die märkischen Kommunen eine gewisse Autonomie. Berlin und Cölln verloren diese Eigenständigkeit erst in den Auseinandersetzungen mit Markgraf Friedrich dem Eisernen um 1442/1448. Zu den Verlusten gehörte auch die Zugehörigkeit zu Städtebünden wie der Hanse, die, wenn man der Legende glaubt, mit einem Umsturz der Berliner Roland-Figur beendet wurde.

Trotz allem darf man sich das Leben in der Stadt aber als freier und gleicher vorstellen als auf dem Lande, wenngleich es von strikter Ordnung geprägt war. Wie das hiesige Stadtleben in der Frühzeit rechtlich reglementiert war, erfahren wir aus den mittelalterlichen Stadtbüchern von Berlin und Cölln.

Stadtbücher

Die ältesten noch vorhandenen Dokumente wurden erst im Jahr 1826 systematisch zusammengetragen, inventarisiert und von da an auch besonders sicher verwahrt. Vorher wurden die Dokumente verstreut in verschiedenen Archiven der Stadt aufbewahrt, teils nicht besonders beachtet und sogar verliehen. So sind im späten 17. und im 18. Jahrhundert Berliner Urkunden in verschiedenen anderen Sammlungen aufgetaucht, die offensichtlich ausgeliehen und nicht zurückgegeben worden waren. Die Berliner Stadtverordneten machten den Magistrat zum Beispiel im Jahr 1673 auf solche Praktiken aufmerksam und forderten ihn auf, diese Urkunden zurückzuholen. Die Mark Brandenburg war durch den Dreißigjährigen Krieg schwer in Mitleidenschaft gezogen worden. In der Friedenszeit verteilte man dann viele mittelalterliche Privilegien neu, da zahlreiche alte Dokumente verloren gegangen oder gar geraubt worden waren. Somit hatten die mittelalterlichen Urkunden vielleicht aus Sicht mancher ihren einstigen Stellenwert verloren.

Dessen ungeachtet liefert der Informationsgehalt der beiden Stadtbücher einen guten Überblick über die Vorschriften und Vorstellungen zu Siedlungsbeginn. Im Stadtbuch sind alle Regeln aufgelistet, nach denen die Menschen im 12. und 13. Jahrhundert zusammenlebten. Hier ist festgelegt, wer Ratsherr, wer Schöffe sein durfte, wie viele Steuern bezahlt werden mussten, wer welche Rechte hatte und welche Strafen bei Verstößen gegen die Ordnung und bei Verbrechen verhängt wurden.

Das Berliner Stadtbuch liegt in einer Fassung vom Ende des 14. Jahrhunderts vor. Es ist hierzulande die älteste überlieferte Dokumentensammlung dieser Art und umfasst 126 Pergamentseiten sowie 27 Papierseiten zwischen zwei schweren Holzdeckeln. Das Stadtbuch ist in sieben Teile gegliedert, die »Bücher« genannt werden. Im ersten Buch werden alle städtischen Einnahmen und Ausgaben aufgelistet. Das zweite Buch verzeichnet sämtliche Privilegien, die

Das Berliner Stadtbuch vom Ende des 14. Jahrhunderts

der Landesherr der Stadt Berlin erteilt hatte, sowie alle vom Berliner Rat den Gewerken erteilten Rechte und Privilegien, Gnadenbriefe, erlassene Verordnungen und Verträge. Das dritte Buch enthält das Schöffenrecht der Stadt Berlin, das aus älteren Büchern abgeleitet wurde. Das vierte Buch wird das »Buch der Übertretungen« genannt. Darin sind alle Verbrechen aufgelistet, die in Berlin vorgekommen waren und auch, welche Strafen man dafür verhängt hatte. Im fünften Buch sind alle Renten und Schuldbriefe aufgelistet, also Dokumente über finanzielle Ansprüche gegen die Stadt beziehungsweise der Stadt gegenüber Dritten. Im sechsten Buch werden Verpfändungen aufgeführt und im siebten Buch sind die Namen aller Personen aufgelistet, die Bürgerrechte in Berlin erhalten hatten. Das Berliner Stadtbuch ist Mitte des 18. Jahrhunderts auf nicht ganz geklärte Weise in Privatbesitz gekommen und verkauft worden. Es wurde 1806 in der

Stadtbibliothek von Bremen wiedererkannt und anschließend wegen seines hohen Urkundenwerts für Berlin vom Bremer Senat an Berlin zurückgegeben.

Im Vergleich zum Berliner Stadtbuch ist das älteste erhaltene Cöllnische Stadtbuch schmal und etwa 50 Jahre jünger. Es umfasst 18 beschriebene sowie 18 unbeschriebene großformatige Pergamentblätter zwischen Holzdeckeln und wurde im Jahr 1443 von dem Cöllner Notar Nicolai Molner zusammengetragen. In dieser Zeit trennten sich Berlin und Cölln nach einer längeren Phase der gemeinsamen Stadtverwaltung wieder, weil es zu einem unüberbrückbaren Streit zwischen den Ratsherren und den Bürgerschaften gekommen war. Das veranlasste Molner dazu, die älteren Cöllner Rechtsverordnungen und Register wieder aufzunehmen und weiterzuführen. Also sind die in dem Dokument festgehaltenen Regelungen und Verordnungen eigentlich älteren Ursprungs. Das Cöllner Stadtbuch enthält das Einnahmen- und Ausgabenregister, die Statuten der Innungs- und Gewerksangelegenheiten sowie verschiedene Verträge. Es sind auch Bürgerbücher für Cölln überliefert, aber erst aus der Zeit ab 1508.

Das mittelalterliche Bürgerrecht hatte für deren Inhaber zahlreiche Vorteile. Nicht ganz klar ist, ab welchem Alter man zum Bürger werden konnte. Die Jugend wurde im Mittelalter in drei Abschnitte unterteilt, in die *infantia* als erster Entwicklungsphase, in die *pueritia* als zweiter und *adolescentia* als dritter. Interessant ist, dass über die ersten beiden Abschnitte weitgehend Einigkeit in der Definition der dazugehörigen Altersgruppe herrschte, beim dritten Abschnitt aber größere Differenzen auftreten. Papst Alexander III. (1159–1181) legte fest, dass Mädchen unter zwölf Jahren und Jungen unter 14 Jahren strafunmündig seien. Der Beginn der *adolescentia* ist damit für Mädchen auf zwölf und für Jungen auf 14 Jahre gesetzt, aber es ist unterschiedlich, wie das Ende definiert wird. In Frankreich wurden 15- bis 19-jährige Knappen, die ihre Ausbildung an der Waffe noch nicht beendet hatten, noch als *adolescentes* bezeichnet. Wenn die Ausbildung zum Ritter abgeschlossen war, der Ritter aber noch kein Lehen hatte, wurde er als *iuvenis* bezeichnet. Erst wenn ein Mann ein Lehen bekommen hatte, wurde er als *vir* bezeichnet. Bei Dante endet die Adoleszenz mit 25 Jahren. Es gab also regional unterschiedliche Festlegungen und auch unterschiedliche Altersgrenzen für bestimmte Vorgänge wie Zeugenschaft, Heirat oder Erbschaften.

Da für Mädchen eine reguläre Ausbildung nicht vorgesehen war, muss man davon ausgehen, dass sie ab einem Alter von zwölf Jahren im Prinzip als heiratsfähig galten, wobei ein Großteil der Mädchen wahrscheinlich erst deutlich später heiratete, aber doch wohl viel früher als die Jungen derselben Altersgruppe. Jungen beziehungsweise junge Männer waren im Mittelalter in der Regel mit 20 bis 25 Jahren mündig (mittelhochdeutsch *mundec*). Das bedeutet, dass sie der Vormundschaft ihres Vaters (mittelhochdeutsch *munt*) entwachsen waren. Der Eintritt in die Volljährigkeit war aber flexibel. Er konnte weitaus früher eintreten im Falle der Wehrhaftmachung, bei Gründung eines eigenen Hausstandes oder wenn der Vater aus anderen Gründen seinen Sohn für volljährig erklärte.

Nicht jede oder jeder konnte Bürger werden, da das Bürgerrecht mit einer Aufnahmegebühr verbunden war. Um es zu erwerben, wurde ein gewisses Vermögen vorausgesetzt, man musste unbescholten und unabhängig, also frei, sein und darüber hinaus von ehelicher Geburt. In den meisten Fällen wurden Männer Bürger, Frauen weitaus seltener, aber es war prinzipiell möglich. Zur Bürgerrechtsverleihung an wendische, mithin slawischstämmige Bewohner, schweigt das Berliner Stadtbuch. Der Stadthistoriker Ernst Fidicin (1802–1883) folgerte daraus, dass die Wenden in Berlin und Cölln nicht das Bürgerrecht erhalten konnten, weil man dafür neben dem Vermögen eine ungebrochene Reihe deutscher Vorfahren nachweisen musste. Bei der Bauernschaft sei das nicht der Fall gewesen, weswegen er die Bauernschaft als die geringere Klasse der Bürgerschaft bezeichnet. Allerdings ist aus Städten wie Lübeck bekannt, dass Slawen sehr wohl Bürger früher deutschrechtlicher Städte wurden. Im Berliner Stadtbuch werden die Wenden an verschiedenen Stellen genannt. Wie erwähnt, durften Kleriker in Berlin und Cölln nicht Bürger werden. Dahinter stand die Sorge, dass sie der Stadt gegenüber nicht loyal sein könnten und von ihnen erworbener Besitz im Erbfall an die Kirche ginge, womit er der Stadtobrigkeit entzogen worden wäre.

Es bildete sich im 13. Jahrhundert in Berlin und Cölln wie in fast allen mittelalterlichen Städten eine privilegierte, verwandtschaftlich organisierte Gruppe in der Bürgerschaft heraus, die (später sogenannten) Patrizier. Diese Mitglieder der führenden Geschlechter waren hier wie nahezu überall der einflussreichste Teil der sich neu entwickelnden Kommunen. Sie verstanden es gut, ihren Einfluss durch die systematische Besetzung von Ratsherrenposten und Schöffenstühlen auszubauen und zu sichern.

Juden wurden vom Bürgerrecht in mittelalterlichen Städten teilweise ausgegrenzt, aber wie die konkreten Verhältnisse in Berlin und Cölln im 12. und 13. Jahrhundert ausgestaltet waren und ab wann es jüdische Einwohner gab, ist auf Basis der bisher bekannten Quellen nicht sicher zu rekonstruieren. Alle diesbezüglichen Zeugnisse stammen aus späterer Zeit. Neueste Untersuchungen zur jüdischen Bevölkerung der Region verweisen darauf, dass in Cölln und/oder Berlin jene Juden gelebt haben müssen, die Woldemar 1317 den Städten »abtrat«. Möglicherweise bildeten sie eine Gemeinde parallel zu der christlichen und profitierten von der relativen Freizügigkeit zwischen beiden Städten. Urkundlich belegbar ist ein mittelalterlicher jüdischer Friedhof ab 1324 in Spandau, der sogenannte Judenkiewer. Der Begriff »Kiewer« ist vermutlich vom jiddischen/hebräischen Wort für Grab (*kever*) abgleitet.

Bei Bauarbeiten in der Zitadelle Spandau wurden im Jahr 1955 und nochmals im Jahr 1987 mehr als 70 jüdische Grabsteine aus den Jahren 1244 bis 1474 entdeckt. Ein kleiner Teil davon ist im Archäologischen Fenster in der Zitadelle Spandau ausgestellt. Diese Grabsteine waren im Palas der Zitadelle sekundär verbaut. Durch diese Verlagerung ist nicht gesichert, dass die Steine vom Judenkiewer stammen, aber es ist doch sehr naheliegend. Im Berliner Stadtbuch belegt der Innungsbrief der Wollweber von 1295 erstmals die Anwesenheit von Juden in der Stadt und im ersten Buch des Berliner Stadtbuchs sind Zinseinnahmen von neun jüdischen Marktständen am Neuen Markt sowie von zwei kleineren Buden aufgeführt. Von den neun Marktständen wurde für jeden einzelnen ein Zins von 3,75 Pfennigen und für die kleinen von je vier Pfennigen jährlich erhoben. Es gibt eine Urkunde vom 7. April 1313, in der die neuen und alten »Konsuln« (Ratsherren) der Stadt Berlin den mit Fleisch handelnden Juden verbieten, den ankommenden Viehhändlern vor den Toren der Stadt entgegenzugehen, und festlegen, dass diese nur auf dem offenen Markt angebotenes Schlachtvieh kaufen und nur ein Viertel des gekauften Fleisches wieder verkaufen durften. Das Berliner Stadtbuch hat im sechsten Abschnitt des dritten Buches einen Paragrafen zum Recht der Juden, in dem aber nicht auf das Bürgerrecht eingegangen wird. Er ist mit »Vom Rechte der Juden« überschrieben. Darunter folgen mehrere Unterkapitel, in denen behandelt wird, aus welchen Grün-

Jüdischer Grabstein von 1244 im Archäologischen Fenster auf der Zitadelle Spandau

den die Juden unter den Christen geduldet werden müssen, in welchem Fall ein Jude des Christen Gewährsmann sein darf, wie Verletzungen und Totschlag unter Juden und Christen bestraft werden und einiges mehr. Der Spandauer Judenkiewer wurde wahrscheinlich nach 1510 zerstört. Damals wurden alle Juden aus der Mark Brandenburg vertrieben. In Berlin fand ein Schauprozess statt, der in der Verurteilung und anschließenden Ermordung einer ungesicherten Zahl von 36 bis 52 Juden endete.

Die Judenverfolgung im Mittelalter gründete auf religiösen Anfeindungen, die überall mehr oder weniger nach demselben Schema abliefen. Ortsansässige Juden wurden immer mit ähnlichen Vorwürfen beschuldigt. Mal sollen sie Christenkinder geopfert, mal Hostien geschändet und sich dadurch gegen die christliche Religion schuldig gemacht haben. Diese Vergehen galten als Kapitalverbrechen und entsprechend konstruierte Anwürfe dienten dazu, in den jeweiligen Gemeinden systematisch gegen alle Juden vorzugehen, sie zu verurteilen, zu enteignen und letztlich zu vertreiben. Der Berliner Hostienschändungsprozess im Jahr 1510 gehörte zu den späten Ereignissen dieser Art. Den zugrunde liegenden Vorfall bekannte Philipp Melanchthon 1539 während der Reformation als kirchliches Unrecht.

In diesem Zusammenhang muss man sich fragen, welcher Art archäologische Sachbelege für jüdisches Leben eigentlich sein sollten, weil es anhand von Alltagsobjekten nahezu unmöglich ist, auf die Religiosität oder Erwerbungsgeschichte der Besitzer zu schließen. Auch ein Skelett kann keine religiöse Zugehörigkeit überliefern, ein Grabkontext in bestimmten Fällen schon. Insofern ist der archäologische Nachweis jüdischen Kulturguts schwer zu führen, wenn es sich nicht um Reste von Sonderbauten wie Synagogen oder Mikwen beziehungsweise um Funde von typischen rituellen Gegenständen handelt. Die Chance, bei neuen archäologischen Ausgrabungen in Berlin und Cölln weitere Erkenntnisse zur jüdischen Besiedlung im Mittelalter zu gewinnen, erscheint aber ungleich größer, als auf die Entdeckung bislang noch unbekannter mittelalterlicher Schriftzeugnisse zu hoffen.

Bürger hatten nicht nur Rechte, sondern auch Pflichten. Zu den Bürgerpflichten gehörte das pünktliche Entrichten der Steuer, das Vorhalten von eigenen Waffen und die Bereitschaft, Wachen- und Waffendienst in der eigenen Stadt zu verrichten. Das Bürgerrecht konnte dessen Besitzer bei schweren Vergehen gänzlich oder zeitweise entzogen werden. Zu den Vergehen, die einen zeitweisen Entzug der Bürgerrechte nach sich zogen, gehörten schwere Körperverletzungen und grobe Verstöße gegen die öffentliche Ordnung. Bei Kapitalverbrechen, Aufruhr und Verrat an der Stadt konnte das Bürgerrecht ganz entzogen werden. Im mittelalterlichen Strafrecht wurde jeder Fall einzeln, also kasuistisch, betrachtet. Ein Gesetzbuch, in dem normativ aufgeführt wurde, für welches Vergehen welche Strafe angewendet werden sollte, gab es noch nicht. Man muss auch davon ausgehen, dass die Schöffen, die in der Gerichtslaube am Rathaus über den jeweiligen Fall verhandelten, keine juristischen Fachleute waren. Ihnen oblag es zu entscheiden, wie schwerwiegend das jeweilige Vergehen einzuschätzen war und was mit der Strafe erreicht werden sollte. In einer Zeit ohne polizeiliche Ordnungsmacht konnte der Stadtfrieden erheblich durch die Verletzung der öffentlichen Ordnung beeinträchtigt werden. Deswegen war ein Teil des angesetzten Strafmaßes immer auf Abschreckung ausgerichtet, um möglichen Nachahmern von vornherein die Lust an Missetaten zu nehmen. Im Berliner Stadtbuch sind Verbrechen aufgeführt, die ab dem Jahr 1434 vorkamen, und es

Die Verurteilung des Tile Wardenberg um 1390, Gemälde von Georg Bleibtreu um 1860

Tile (von) Wardenberg war ein Angehöriger der städtischen Führungsschichten und ein begüterter Mann. Während der zweiten Hälfte des 14. Jahrhunderts hatte er Ämter im Rat und als Bürgermeister von Cölln bzw. Berlin-Cölln inne. Er war Anführer in innerstädtischen Konflikten und bei Kämpfen gegen Kaiser Karl IV., der ab 1373 Herr der Mark war.
Seine »Übertretungen«, wegen denen ihm der Prozess gemacht wurde, sind im Berliner Stadtbuch aufgezeichnet. Er wurde im 19. Jahrhundert zum Stoff von historischen Romanen, ist jedoch heute weitgehend vergessen.

Folter
Auch wenn uns heute die Folter zu Recht als unmenschliche Strafe erscheint, galt sie zu Beginn ihrer Einführung als echter Fortschritt in der Rechtsprechung. Die Befragung von Angeklagten und Zeugen zu einem Vorwurf löste nämlich die vorher zumeist praktizierte Urteilsfindung durch Gottesurteil ab. War man also vorher darauf angewiesen, eine Feuer- oder Wasserprobe zu bestehen oder sich im Gerichtskampf zu bewähren, hatte man nun die Möglichkeit, sich zu den erhobenen Vorwürfen zu äußern. Allerdings degenerierte diese Form der peinlichen, also körperlichen, Befragung bis hin zu den bis heute bekannten Exzessen der Frühen Neuzeit.

werden die dafür jeweils verhängten Strafen wie Erhängen, Rädern, Köpfen, Lebendigbegraben, Verbrennen, Stäupen, Aushauen, Gefängnisstrafe, Ausweisung, Urfehde schwören (Verzicht auf Rache an den Strafverfolgern) usw. aufgelistet. Das Berliner Strafrecht ist keine Eigenerfindung, sondern wurde aus dem *Sachsenspiegel* hergeleitet. Die Strafvorstellungen gehen also auf eine viel ältere Zeit zurück und tatsächlich sind diese Körperstrafen noch bis weit in die Neuzeit beibehalten worden. Es dauerte lange, bis man sich von dieser Art der Bestrafung löste. Im 14. Jahrhundert erlebte das Foltern zur Erpressung von Geständnissen einen regelrechten Höhepunkt.

Im Berliner Stadtbuch fällt auf, dass anscheinend nur Frauen lebendig begraben wurden. Auch das Stäupen, also das öffentliche Auspeitschen an einem Schandpfahl, der sogenannten Staupe, sowie das Aushauen, scheinen hauptsächlich Strafen für weibliche Verurteilte gewesen zu sein. Lebendig begraben zu werden ist ein furchtbarer, langsamer Tod. Und für die beiden angeführten Diebstähle, derentwegen die beschuldigten Frauen lebendig begraben wurden, erscheint es uns heute als völlig unmenschlich, die Todesstrafe zu verhängen.

Insgesamt sollen in Berlin in dem halben Jahrhundert zwischen 1399 und 1448 nicht weniger als 101 Menschen hingerichtet worden sein. Diese Zahl von durchschnittlich zwei Hinrichtungen pro Jahr mutet ungeheuer hoch an, wenn man sich vor Augen führt, dass die Stadt nur wenige Tausend Einwohner gehabt haben kann.

Hier als Beispiel einige Auszüge aus dem Berliner Stadtbuch:

Im Jahr des Herrn 1435, am Donnerstag vor Palmen, wurde Dorothea lebendig begraben, weil sie einem Bauern in Lichtenberg Speck, Töpfe, Kessel und diverse andere Dinge gestohlen hatte und in Lanczeberg erwischt wurde.

Auch eine Frau wurde lebendig begraben, weil sie das Kleid von Claus Domes gestohlen hatte. Im Jahr des Herrn 1412, am zweiten Sonntag nach dem Osterfest.

Ebenfalls im Jahr des Herrn 1427 wurde Margarete Gracias zu Grabe geprügelt, für das, was sie vor dem Gericht des Markgrafen und fahrlässig getan hatte, sie hatte gerufen: Meide die Priester!

Im Jahr des Herrn 1419 nach Allerheiligen wurde die Tochter von Kolditz mittig auf den Brustraum geschlagen, weil sie Salz aus dem Karren gestohlen hatte. Ebenso wurde am selben Tag ein kleines Dienstmädchen geschlagen, weil ihr die Kleider gestohlen wurden.

Sicherheit, Schutz und Gesetze

Solange es kein verdichtetes Siedlungsnetz in einer Region gab, existierten nur wenige gut passierbare Landwege. Das Fortbewegen über Land war auch nicht ungefährlich, weil man sich bei so einer Reise aus dem Schutz des Ortes herauswagte und Gefahr lief, im Wald oder im Dickicht von Räubern überfallen zu werden. Man stand zwar da-

Mittelalterliche Gerichtslaube von Lüneburg

bei unter dem Recht des Landesherrn, doch war das Geld erst mal gestohlen oder das Vieh entführt worden, wer sollte einem da in polizeilosen Zeiten helfen, Verbrecher zu jagen oder Diebe dingfest zu machen? Eine Reise, vor allem über Land, bedeutete immer ein Risiko, und das nahmen nur jene auf sich, die es tun wollten oder mussten oder die auf einen satten Gewinn in der Fremde spekulierten. Man reiste damals besser nicht allein, sondern in Gruppen von Ort zu Ort, weil das sicherer war. Adelige Herren ließen sich von Bewaffneten und Bediensteten begleiten, um während der Reise wehrfähig zu sein. Rechtlich war die mittelalterliche Gesellschaft viel ungleicher organisiert als es heute der Fall ist, weswegen man damals auch zwischen Stadt- und Landrecht unterschied. Auf dem Land gab es in größeren Dörfern einen Gutsherrn oder einen Grafen, dem die Landleute hörig waren. Je nach dem Grad ihrer Abhängigkeit mussten die Menschen teilweise oder ständig für den Gutsherrn arbeiten und ihm auch einen gewissen Ertrag von ihrer Ernte überlassen. Der Gutsherr sollte im Gegenzug für den Schutz der Bauernschaft sorgen und viele Angelegenheiten regeln. Kleine Streitigkeiten wurden vor dem Dorfschulzen nach dem Landrecht geklärt, große vor dem Gericht des Landesherrn.

Die Städte hingegen erhielten Privilegien vom Landesherrn und gaben sich eigene Gesetze, für deren Einhaltung der Rat sorgen musste. Dafür zahlten die Handwerker, Kaufleute und Hausbesitzer Steuern, also Geld oder dingliche Abgaben, mit denen die kommunalen Angelegenheiten wie die verkehrliche Infrastruktur (Straßen, Wege, Kai- und Stauanlagen), die Stadtmauer, die Stadtwache, das Rathaus, die Harnischkammer etc. unterhalten werden konnten. Innerstädtische Streitigkeiten wurden vor dem Schultheißen und seinen Beisitzern, den Schöffen, geklärt. Der erste uns bekannte Schultheiß von Berlin hieß Marsilius und lebte im 13. Jahrhundert. Ein gleichzeitiger Schultheiß in Cölln ist nicht bekannt, deshalb besteht die Annahme, dass Marsilius in Berlin und in Cölln mit unterschiedlichen Schöffen Gericht gehalten haben könnte. Eigentlich wurde man nach sächsischem Recht als Schöffe auf Lebenszeit berufen, aber in Cölln wurde die Schöffentätigkeit nach einer Weile auf drei Jahre begrenzt.

Es existierten darüber hinaus auch Rechtsabkommen zwischen einzelnen Städten. So ist in einer Urkunde vom 4. Mai 1309 festgeschrieben, dass die Ratsmannen der Städte Berlin und Cölln sich mit den Ratsmannen von Brandenburg darauf geeinigt hatten, dass bei der Festsetzung von Straftätern die ergreifende Stadt allein für die Kosten aufkam. Wenn aber eine Gewalttat gegen die öffentliche Ordnung oder das städtische Recht vorlag, wenn ein Einwohner dieser drei Städte vor das markgräfliche Landgericht gezogen wurde oder wenn ein Mächtiger eine Gewalttat gegen die verbundenen Städte ausüben wollte, wurden die Kosten gemeinschaftlich getragen.

Man kann zusammenfassend sagen, dass das Kommunalrecht im Mittelalter für den Alltag das wichtigste Recht war und dass in unterschiedlichen Orten die gleichen Dinge deshalb auch durchaus verschieden geregelt sein konnten.

Neugründungen von Orten wie im Falle von Berlin und Cölln waren seinerzeit alles andere als ungewöhnlich. Die Entstehung von Städten war vielmehr ein gesamteuropäisches Phänomen im 12. und 13. Jahrhundert. Im deutschsprachigen Gebiet existierten noch die alten Römerstädte wie Köln, Mainz, Worms, Augsburg, Straßburg und Trier. Im ausgehenden Hochmittelalter kamen zahlreiche neue Städte hinzu. Viele davon entwickelten sich schnell, wie beispielsweise Nürnberg, das erst im 11. Jahrhundert genannt wird, aber bald zu Macht und Einfluss kam.

Berlin und Cölln zeichnete die Besonderheit aus, im Zuge einer großen Migrationsbewegung entstanden zu sein, die neue Siedler in die Gebiete um Havel und Spree führte. Die vorher hier verbreitete slawische Kultur wurde dadurch entweder komplett ausgelöscht oder sukzessive überformt. Die entsprechenden Vorgänge werden im ersten Kapitel dieses Buches geschildert. Auch an »alten« slawischen Zentralorten wurden neue Kommunen gegründet, wie etwa in Brandenburg die Alt- und die Neustadt. Siedlungsgründungen waren Zeichen eines erheblichen ökonomischen Aufschwungs. Städte konnten nur dort entstehen, wo genügend Überschuss vorhanden war, der eine Arbeitsteilung ermöglichte. Umgekehrt beförderten die wirtschaftlichen Strukturen der städtischen Siedlungen aber auch den gesellschaftlichen Reichtum.

Die Neugründung eines Ortes setzte aber nicht nur einen wirtschaftlichen Veränderungsprozess in Gang. Durch die Entstehung von Stadtgemeinschaften aus Bürgern lösten sich für die Inhaber entsprechender Rechte und für deren Nachfahren auch die alten grundherrlichen und lehnsrechtlichen Bindungen auf. Die Attraktivität eines städtischen Gemeinwesens bestand also in der Chance zur Neuordnung der angestammten Verhältnisse, so auch in Berlin und Cölln. Hier unterstanden beide Orte nicht mehr dem Landrecht, sondern dem Stadtrecht, in diesem Fall dem Brandenburger Recht, welches dem Magdeburger Recht folgte. Das zog tiefgreifende Veränderungen im politischen Gefüge der Siedlungen nach sich und führte zur Herausbildung eines neuen städtischen Selbstbewusstseins sowie eines neuen Selbstvertretungsanspruchs der Bürger. Individuell konnte man, sobald man nach Ablauf einer Probefrist den Bürgereid abgelegt hatte, erblichen Grundbesitz und städtische Privilegien erwerben und Handel treiben oder ein Handwerk ausüben, dessen Rahmenbedingungen von Gilden (Berufsgenossenschaften) bestimmt wurden. Die Gildevertreter ihrerseits versuchten Einfluss auf die Stadträte zu bekommen, weil allein die Nähe zum Landesherrn nicht mehr ausreichte, um die Interessen zu sichern, denn in der Stadt hatten die Ratsherren und die Schöffen das Sagen. Auch die Kaufleute begannen sich in Gilden zu organisieren, um ihre Interessen besser vertreten zu können. Die Stadträte sorgten dafür, dass die Produkte einheimischer Handwerker steuerlich begünstigt und nicht von Billigprodukten der Konkurrenz vom Markt gedrängt wurden. Es wurde auch darauf geachtet, dass die Handwerker sich gegenseitig nicht zu stark Konkurrenz machten.

Mittelalterliche Zeiteinteilung

Ein Aspekt, dem für das Funktionieren von Handel und Gewerbe eine erhebliche Bedeutung zukommt, ist die Frage, wie man im Mittelalter mit der Zeit umging. Es gab Sonnenuhren, die aber nur funktionierten, wenn die Sonne schien, sowie Sanduhren, mit denen man kurze Zeitabschnitte messen konnte. Es gab prinzipiell auch Wasseruhren, aber weder aus Berlin noch aus Cölln sind uns aus dieser Zeit welche bekannt. Man brauchte sie auch nicht zwingend, weil der Alltag der meisten mittelalterlichen Menschen dem Tageslicht folgte. Im Morgengrauen erwacht die Natur, die Insekten beginnen auszufliegen und die Vögel fangen an zu zwitschern. Hühner gackern, die Hähne krähen. Nach einer Weile melden sich auch die Kühe, weil sie gemolken werden wollen. Die Tiere und das Licht waren mithin natürliche Wecker im Mittelalter. Während früh als Erstes die Tiere versorgt werden mussten und in den Küchen die Herdfeuer zu lodern begannen, wurden die Stadttore von Berlin und Cölln geöffnet. Ab diesem Moment konnten auch Leute von auswärts wieder in die

Restaurierte Sonnenuhr am Südturm des Magdeburger Doms

Stadt kommen und dort ihren Besorgungen nachgehen. Während des Tages mussten vielerlei Dinge erledigt werden, unter anderem alles Handwerkliche, weil man nach Einbruch der Dunkelheit kaum technische Möglichkeiten hatte, die gesamte Umgebung so zu beleuchten, dass größere Arbeiten sicher durchgeführt werden konnten. Dazu kamen die mehrfachen täglichen Gottesdienste, zu denen man durch das Läuten der Kirchenglocken gerufen wurde. Kirchenglocken waren somit ein wichtiger Zeitanzeiger in einer uhrenlosen Epoche und strukturierten zugleich den Tag. Es gab sowohl unterschiedliche Läutsignale als auch verschiedene Glocken. So zum Beispiel gab es die Totenglocke, die geläutet wurde, um anzuzeigen, dass jemand gestorben war, oder das Glockenzeichen während der Verwandlung der Oblate in die geweihte Hostie, den (nach dem christlichen Verständnis) wahrhaftigen Leib Christi. Die Glockentöne grenzten auch die einzelnen Gemeinden voneinander ab. Man kann sich heute kaum noch vorstellen, wie sehr sie den klanglichen Raum der vormodernen Welt bestimmten. Nicht umsonst war es eine der radikalen Maßnahmen der Französischen Revolution gegen das Ancien Regime, die alte Ordnung der Welt, ihr Geläut, für lange Zeit abzustellen. Ebenso markant war das Stürmen der Adelsarchive zum Zwecke der Vernichtung der schriftlichen Dokumente, mit denen sie ihre Vorrechte begründeten.

Kapitel 7
Mittelalterliche Lebenswelt

Typisches Männergewand des 13. Jahrhunderts

Das Lebensgefühl der Menschen im Mittelalter können wir schwerlich nachempfinden, weil unser modernes Leben viele Freiheiten bietet und unendlich komfortabler ist. Unser Bild des Mittelalters ist zudem von vielen Vorurteilen geprägt: Beispielsweise, dass damals alle Läuse hatten, die Brunnen oft verseucht waren, weshalb man Bier statt Wasser trank, und 1348 kam auch noch die Pest und tötete die Hälfte der Bevölkerung. Es ist ein düsteres Bild voller Ekel und Plagen, das den meisten heute vor Augen steht, wenn sie an das Mittelalter denken. Dieses Bild wird auch medial gefördert. Mittelalterfilme beginnen mit ächzenden Aussätzigen, wilden Ritterturnieren oder armen Bauern, die qualvoll Wald für neue Felder roden. Freude? Fehlanzeige! In krassem Gegensatz dazu besuchen wir aber gern Mittelaltermärkte, oft auch in entsprechender Kleidung, und tanzen unter Einfluss von viel Honigwein zu wilder Spielmannsmusik. Was von alldem stimmt denn jetzt? Mit ein wenig gedanklicher Verrenkung kann man sich dem Mittelalter, hier vor allem der Zeit des 12. und 13. Jahrhunderts, ganz gut annähern. Versuchen wir es einmal!

Erst im 12. Jahrhundert war das Ehepaar mit seinem Haushalt zur zentralen gesellschaftlichen Einheit geworden. In den vorausgehenden Jahrhunderten waren die Familienverbände wohl größer, aber durch die Verstädterung in Mitteleuropa dürften die Kernfamilien allmählich geschrumpft sein. Das heißt nicht, dass in einem Haushalt nur die Eltern mit ihren Kindern lebten. Sicher waren oft auch die Großeltern Bestandteil der Kernfamilie sowie Mägde, Knechte und Ammen. Auch Taufpaten der Kinder wurden als Verwandte angesehen, wenn sie es nicht ohnehin schon in biologischer Hinsicht waren. In Handwerksgeschäften zählten auch die Lehrlinge und Arbeiter zum Haushalt. In der Haushaltsgemeinschaft wurde erwirtschaftet, was alle Mitglieder des Haushalts zum Leben benötigten. Es gab keine Versicherungen oder Rentenkassen. Jedes Mitglied des Haushalts musste sich auf seine Weise nützlich machen, um das Überleben der Gemeinschaft solidarisch zu sichern. Mit anderen Worten: Wer essen wollte, musste mithelfen, die entsprechend benötigten Haushalts- oder Nahrungsmittel zu erwirtschaften. In Zeiten, in denen die Vorräte knapp wurden, also am Ende des Winters oder bei Missernten, erhielten jene Haushaltsmitglieder, die für die Erhaltung der Wirtschaftskraft des Haushalts am wichtigsten waren, auch das meiste zu essen. Oft genug mussten die Kleinsten dann zurückstecken. Nicht aus Bosheit wie im Märchen vom Aschenbrödel oder noch schlimmer bei Hänsel und Gretel, sondern aus tatsächlichem Mangel.

Ebenso wie die drakonische Strafpraxis lassen Zustände wie diese das Mittelalter auf uns durchaus fremd wirken. Andererseits wirkt vieles Mittelalterliche bereits sehr vertraut. Jene Zeit ist eben, wie es der Historiker Otto Gerhard Oexle formuliert hat, »das nächste Andere, das nächste Fremde, das nächste Andere unserer eigenen Gegenwart«. Denn es entstanden damals auch Ideen von politischer Freiheit für Stadtgemeinden, von einer Orientierung aller Herrschaft am Gemeinwohl sowie beeindruckende literarische Texte, in denen sich höfische Idealliebe (Minne) und Weltenschmerz entfalteten. Es wurden anrührende, fast lebendig wirkende Kunstwerke wie die Skulptur der Reglindis oder der Uta im Naumburger Dom geschaffen und es gibt noch sehr konkrete Berliner und Berlinerinnen aus dem Mittelalter, die wir uns ansehen können: Der »Berliner Totentanz« in der Marienkirche, wenn auch kein mit Naumburg vergleichbares filigranes Werk und auch nur in schlechtem Zustand erhalten, zeigt uns überaus lebendige Figuren vom Ende des Mittelalters.

Weniger bekannt, dafür aber sehr einprägsam und auf den ersten Blick wohl auch ungewöhnlich ist das Abbild des heiligen Mauritius, des dunkelhäutigen Ritters im Magdeburger Dom. Der Magdeburger Dom hat sein Patrozinium nach dem heiligen Mauritius und der heiligen Katharina. Mauritius ist der Schutzheilige der Messer- und der Waffenschmiede, des Heeres und der Infanterie. Er soll der Sage nach Kommandeur der Thebaischen Legion gewesen sein und gilt seit dem 4. Jahrhundert als Heiliger. Er wurde sogar als Schutzherr des Heiligen Römischen Reiches und seiner Herrscher verehrt. Die Thebaische Legion bestand hauptsächlich aus Christen. Der römische Kaiser Maximian vereinnahmte die Legion für sein Heer und wollte sie im Jahr 202/203 gegen die Christen jenseits der Alpen einsetzen. Die 6600 Thebäer meuterten und wurden schließlich alle getötet.

Figur des heiligen Mauritius im Magdeburger Dom

Man denkt vermutlich nicht zuerst an Afrikaner, wenn man sich für Darstellungen des europäischen Mittelalters interessiert, aber die mittelalterliche Heiligenwelt war stark von der Geschichte des Römischen Reiches geprägt, in dem Nordafrika und Süditalien zur selben Einflusszone gehörten. Durch die Kreuzzüge bekamen die Ritter aus Nordeuropa Kontakt zur mediterranen Welt. Am stärksten war das in den südwestlichsten Teilen des Reichs der Fall. Diese Begegnungen mit dem Fremden finden reichlich Niederschlag in der sich im

13. Jahrhundert entwickelnden höfischen Literatur. Es treten Schriftsteller wie Chrétien de Troyes, Walther von der Vogelweide, Wolfram von Eschenbach, Gottfried von Straßburg, der Pfaffe Lamprecht, Ulrich von Türheim, Heinrich von dem Türlin, Heinrich der Vogler, Hartmann von Aue, Ulrich von Liechtenstein und Jean Bodel hervor, die ein farbenfrohes und kulturvolles Abbild ihrer Zeit entwerfen. So haben das *Nibelungenlied*, der *Willehalm*, der *Erec, Tristan und Isolde*, das *Rolandslied* des Pfaffen Konrad oder die *Manessische Liederhandschrift* bis heute einen einzigartig hohen Stellenwert in der deutschen Literaturüberlieferung.

Viele der literarischen Schöpfungen wurden bei großen Festen uraufgeführt oder anlässlich von besonderen Hoftagen von Spielleuten zum Besten gegeben. Der mittelalterliche Festkalender richtete sich in aller erster Linie nach den kirchlichen Feiertagen, deren Abfolge, Häufigkeit und Abläufe festen Regeln folgten. Eine weitere Art von Festivitäten waren jahreszeitlich wiederkehrende Rituale wie die Sommer- und Wintersonnenwende und das Erntedankfest. Für eine Gesellschaft, die vollkommen von den landwirtschaftlichen Ressourcen und der Natur abhängig war, bedeutete eine gute Ernte das gesicherte Überleben im Folgejahr; eine schlechte Ernte kündigte eine sorgenreiche Zukunft an.

Das Bedürfnis nach Feiern und Gastgeben gehört zur Grundkonstitution des Menschen als sozialem Wesen. Feste befördern den Zusammenhalt von Gemeinschaften und stellen eine Gelegenheit dar, den Alltag kurzzeitig hinter sich zu lassen, Negatives rituell abzulegen und Kommendes hoffnungsvoll zu begrüßen. Feste bildeten im Mittelalter, gerade in ständischen Gesellschaften, aber auch eine willkommene Gelegenheit, sich öffentlich zur Schau zu stellen und eigenen Anspruch, Vermögen und Status zu präsentieren. Sehr beliebt waren Ritterturniere, die aus Köln ab dem 12. Jahrhundert nachrichtlich bekannt sind. Die Teilnehmer an Turnieren wurden allerdings von der hochmittelalterlichen Kirche sogar mit der Exkommunikation (Ausschluss von gottesdienstlichen Handlungen) bestraft, weil sich dort Adlige in sehr brutaler Art und Weise bekämpften. Ohnehin waren nur Adlige turnierfähig, einfache Menschen durften nicht daran teilnehmen. Doch an dem kirchlichen Turnierbann störte man sich offensichtlich nicht sonderlich. Stattdessen verlagerten sich die Turniere sogar immer häufiger in die Städte. Hier war die Infrastruktur für die Turnierteilnehmer schon vorhanden und es konnten viele Zuschauer

Reglindis (988/989–1014) mit Tasselmantel im Westchor des Naumburger Doms, Naumburger Meister 1243–49

gewonnen werden, die auch Eintritt bezahlen mussten, unterschieden nach teuren Tribünenplätzen und günstigen Stehplätzen. Auch die Patrizier und die reichen Kaufleute ahmten die Turniere nach. Die einfacheren Leute vertrieben sich die Zeit mit ungefährlicheren Spielen wie Ringen, Steinwerfen oder Weitsprung. Das war schon deshalb sinnvoll, weil man seine Arbeitskraft erhalten musste und sein Leben nicht durch leichtsinnige Verletzungen gefährden konnte. Seit dem 14. Jahrhundert sind Schützenfeste bekannt, die sich auch heute noch vielerorts einer großen Beliebtheit erfreuen. Natürlich hat es auch unzählige private Zusammenkünfte gegeben. Dazu gehörten Kindstaufen, Hochzeiten und auch Leichenbegängnisse.

Dem Stadtbewohner erscheint es heute weitgehend fremd, dass die Geburt eines Kindes der Öffentlichkeit bekannt gemacht wird. Anders verhält es sich mit dem Aufgebot zur Hochzeit, das auch heute noch öffentlich ausgehängt wird, damit eventuelle Einwände gegen die Verbindung erhoben werden können. Und wenn heute jemand stirbt, dann sind Todesanzeigen und nachfolgende Danksagungen auch noch nicht komplett aus der Mode gekommen. Im Mittelalter nahm die gesamte Nachbarschaft an solchen Festlichkeiten teil. Die Geburt, die Hochzeit und das Leichenbegängnis galten als die wichtigsten gesellschaftlichen Ereignisse im Leben eines mittelalterlichen Menschen. Dabei waren die gesellschaftlichen Vorschriften oder Verhaltensregeln teilweise völlig andere als heute. Es war wichtig, dass die Kinder getauft wurden. Wenn aufgrund medizinischer Umstände nur eine kurze Überlebensfähigkeit eines Neugeborenen vorlag, war die Nottaufe sehr wichtig, weil dadurch das Kind »den Händen des Teufels« entrissen wurde. Jeder Christ durfte nottaufen.

Eine zeitliche und jahreszeitliche Gliederung des mittelalterlichen Lebens war auch durch die Feiertage gegeben. Man liest verschiedentlich, dass es zu jener Zeit bis zu 80 Feiertage gab. Diese Vorstellung muss man relativieren, da in dieser Zahl die Sonntage mitgezählt werden. Der Sonntag war aus kirchlicher Sicht der Tag, an dem Christen nicht arbeiten, sondern sich Gott zuwenden sollten. Deswegen fanden von alters her die größeren kirchlichen Messen an Sonntagen statt. Die Feiertage richteten sich generell nach dem Kirchenkalender. Ostern war das wichtigste Fest, gefolgt von Pfingsten und Heiligabend. Dazu kommen Allerseelen und Allerheiligen und zahlreiche Heiligentage. Es gab aber auch Feiertage, die vom Landesherrn zu besonderen Anlässen ausgerufen wurden, zum Beispiel anlässlich von hochrangigen Hochzeiten. Die Vermählungsfeiern der herrschenden Familien bildeten im Mittelalter ein gängiges Instrument, um sich bei den Untertanen beliebt zu machen und viel Prunk zur Schau zu stellen. Dasselbe war den Untergebenen jedoch nicht gestattet. Genau wie die Kleidung waren auch die Hochzeiten ständisch geregelt und es wurde sogar vorgeschrieben, wer wie viele Tische zur Feier ausrichten durfte. Geheiratet wurde selbstverständlich im gleichen Stand.

Kleidung im Mittelalter

Vor allem die Tracht der Adligen bestimmt heute unsere Vorstellung von der mittelalterlichen Kleidung. Auf dem Mittelaltermarkt, im Reenactment und in der Living-History-Szene kleiden sich die Frauen vorwiegend als adlige Damen und die Männer als adlige Herren, Mönche oder Schwertkämpfer. Reiche Stadtbürger, die gerne den Adel nachahmten, mögen teils ähnlich ausgesehen haben. Wie aber kleidete sich die Mehrheit der einfachen Leute in Stadt und Land? Das ist gar nicht so leicht herauszufinden, weil dieser Personenkreis nur selten abgebildet wurde. Es sind nicht die Armen einer Gesellschaft, welche die Schaffung von Kunstwerken in Auftrag geben, sondern vor allem jene, die es sich leisten können und die ein diesbezügliches Repräsentationsbedürfnis haben. Jahrhundertelang wurden fast ausschließlich die Reichen und Mächtigen gemalt, um deren Ahnengalerien zu vervollständigen und ihr Aussehen zu bewahren. Erst die neuzeitliche Kunst nahm sich stärker der Abbildung des menschlichen Alltags an und durch die Fotografie kam im 19. Jahrhundert ein ganz neues Bildmedium hinzu. Doch für das Mittelalter fehlen uns Bilder des einfachen Lebens weitgehend.

Manchmal wird der Eindruck erweckt, dass der dritte Stand im Mittelalter nur in braunen oder grünen Sackkleidern aus Wolle herumlief. Das dürfte in dieser Ausschließlichkeit wohl nicht ganz zutreffend sein. Die Damenmode des 12. und 13. Jahrhunderts wirkt auch heute noch ausgesprochen kleidsam. Man bevorzugte eng anliegende Oberteile, schmal geschnittene, lange Ärmel und glockenartig fallende Röcke. Das ist eine klassisch-elegante Kleiderform, die lange überdauerte. Ein Blick auf die heutige Living-History-Szene, die versucht, sowohl im Material als auch in Schnitt-, Web- und Nähtechniken belegte Originalfunde möglichst originalgetreu anzufertigen, zeigt, dass es unzählige Möglichkeiten gibt, kleine Raffinessen in die Kleidung einzuarbeiten – hier ein paar zusätzliche Falten, da ein feinerer Stoff oder eine ungewöhnlichere Farbe für das Obergewand. Und die Menschen haben sich sicher auch im Mittelalter gern schön gemacht. Natürlich gab es für die Reichen auch Obergewänder aus Seidenstoffen oder Brokaten (einem dicken, festen Seidenstoff mit Gold- oder Silberfäden), doch die konnten sich die meisten Menschen nicht leisten und selbst wenn, dann durften sie nicht getragen werden, weil edelste Stoffe den Adligen vorbehalten waren.

Unter dem wollenen Obergewand trug die mittelalterliche Frau keine Unterwäsche, sondern ein Unterkleid. Das war in der Regel aus Leinen, aber wahrscheinlich gab es auch reiche Damen, die sich seidene Unterkleider leisten konnten. Das ist in unserer Region vielleicht nicht so notwendig gewesen, aber die mittelalterlichen Damen in Südfrankreich oder Süditalien haben seidene Unterkleider wegen des heißen Klimas sicher sehr zu schätzen gewusst. Stoffe, die mit der Haut direkt in Berührung kommen, müssen öfter gewaschen werden. Dafür ist Leinenstoff bestens geeignet, weil es ein sehr fester, schmutzabweisender Stoff mit hervorragender Haltbarkeit ist. Leinenfasern wurde über Jahrhunderte in einem sehr aufwendigen Verarbeitungsprozess aus Flachs und Hanf hergestellt. Baumwolle war zwar bekannt, spielte aber für die Textilherstellung lange Zeit keine Rolle. Erst durch die Erfindung der Spinn- und Entkernungsmaschine für Baumwollfasern und der Kunstfaser im 19. Jahrhundert in England und in der Schweiz verloren Leinen, Flachs und Hanf an Bedeutung.

Der mittelalterliche Mann trug eine weite, gegürtete Unterhose aus Leinen, die Bruche. Die Bruche konnte kurze oder lange Beine haben. Sie wurde mit farbigen Beinlingen, also mit langen Strümpfen aus weichem Wollstoff, komplettiert. Sie sind nicht mit den Beinwickeln zu verwechseln, mit denen die Elbslawen etwa im *Sachsenspiegel* abgebildet sind (siehe dazu Kapitel 1). Die Beinlinge wurden mit Bändern am Bruchenband befestigt. Darüber trug der Mann ein hemdartiges Untergewand (Cotte) mit langen Ärmeln und darüber ein Übergewand aus Wollstoff, das mit einem Gürtel zusammengerafft wurde. Die Gürtel konnten mit Bronze- oder Eisenschließen zusammengehalten werden und die Übergewänder waren mithilfe von Borten oder mit unterschiedlich farbigen Stoffapplikationen in mannigfacher Weise individualisiert.

Typisches Frauengewand des 13. Jahrhunderts

Woll- oder Leinenstoffe wurden mit Naturfarben vielfältig gefärbt, natürlich konnte man die Stoffe auch weiß oder wollweiß belassen. Gelbfärbungen erreichte man zum Beispiel mit Gallapfel, Kamille, Apfelbaumrinde, Birkenblättern, Zwiebelschalen oder Reseda. Mit Birkenrinde und Walnussschalen hingegen färbte man sehr schöne Brauntöne. Rote Farbe kam aus der Krappwurzel oder der Cochenille-Schildlaus. Mit Cochenille konnte man Pink färben und unter Zugabe von etwas Indigo erzielte man Violetttöne. Mit Reseda und Indigo erlangte man Grün- und Blaufärbungen. Im Museumsdorf Düppel (siehe Kapitel 1) kann man sich mit den alten Färbetechniken bekannt machen. Der Farbstoff Indigo wurde jahrhundertelang aus Färberwaid

gewonnen. Dazu wurden die Blätter des Färberwaids abgezupft, in einer Waidmühle zu Brei gestampft und zu kleinen Ballen getrocknet. Für den Färbeprozess wurden die Waidblätter mit Urin (Ammoniak) versetzt oder auch längere Zeit im Wasser unter Sauerstoffabschluss bei höheren Temperaturen vergoren. Beim Färbeprozess wurde der Stoff längere Zeit in die Küpe, also in das indigohaltige Wasser, getaucht. Der Stoff nahm in der Küpe zunächst eine gelbliche Farbe an. Das Blau entwickelte sich erst durch das Einwirken von Sauerstoff, wenn der Stoff an der frischen Luft zum Trocknen aufgehängt wurde. Das Färben mit Ammoniak war eine geruchsintensive Angelegenheit, aber der blaue Farbstoff ließ sich bestens verkaufen. Daher soll der Ausdruck kommen, dass jemand »stinkreich« geworden ist.

Spätmittelalterliche Kasel mit Brettchenborte aus dem Kloster Zehdenick

Die Stiftung Stadtmuseum ist im Besitz einer Brettchenborte aus dem 12. oder 13. Jahrhundert. Die Borte wurde angekauft, der ursprüngliche Verwendungszweck ist nicht bekannt. Auffällig ist, dass Kettfäden aus Seide verwendet wurden sowie Broschierfäden aus weißer Seide und Goldlahn mit Seidenseele. Gut erkennbar sind Lilien als Königsmotive und ein Löwe, ein übliches Wappentier. Brettchenborten sind schon seit der Eisenzeit (ca. 750 v. Chr.) bekannt. Dafür werden Fäden in der gewünschten Länge des Endprodukts zurechtgeschnitten und mithilfe von quadratischen Holz- oder Beintafeln so gespannt und systematisch gedreht, dass sie verschiedene Webmuster erzeugen. Die Brettchenborten wurden unter anderem zum Aufnähen auf Rock- oder Ärmelsäume verwendet, aber man konnte auf diese Art auch schmale Gürtel weben. Für gewebte Gürtel benötigte man sogenannte Breithalter oder Gürtelstrecker. Das sind kleine Metallbügel, die auf das schmale Gewebe aufgenäht werden mussten, damit sich die textilen Gürtel beim Tragen nicht zusammenrollten. Textile und lederne Gürtel wurden darüber hinaus auch mit Punzen und Beschlägen verziert. Die konnten stern-, blumen- oder diamantförmig sein.

Kasel

Diese Kasel aus dem Kloster Zehdenick wurde im 15. Jahrhundert aus verschiedenen älteren Textilien zusammengenäht. Der Grundstoff ist ein persischer Goldbrokat aus dem 12./13. Jahrhundert und die Borte vermutlich eine lokale Brettchenweberei aus dem 13./14. Jahrhundert. Kaseln sind liturgische Mäntel, oft sehr kostbar, die Priester während der Heiligen Messe anlegen.

In der Zeit der Gründung von Berlin und Cölln trug man schmale Gürtel mit lang herunterhängenden Gürtelenden. Das war ein Zeichen von Vermögen, man zeigte dadurch, dass man es sich leisten konnte, mehr Leder als funktional notwendig zu tragen. Am Gürtel trugen Frauen oft auch ein kleines Beutelchen mit Habseligkeiten oder Schlüssel und Messerchen mit kurzen Klingen. Die Messer waren bei allen möglichen Verrichtungen nützlich und stellten keine Bewaffnung dar. Messer und Löffel waren auch die Utensilien, die man am Essenstisch benötigte. Zum Fleischessen wurden im Mittelalter wohl auch kleine Spieße benutzt, aber anscheinend noch keine Gabeln.

Der mittelalterliche Mensch trug den Großteil seines Besitzes am Leib, der Rest lagerte in einer kleinen Truhe oder in einem Schrank. Die meisten Leute hatten wahrscheinlich nur ein Sommer- und ein Wintergewand. Ein proppenvoller Kleiderschrank, der uns heute vor Probleme stellt, war dem mittelalterlichen Menschen völlig fremd. Dadurch, dass die Kleider immer getragen wurden, mussten sie oft geflickt werden und wurden auch selten gewaschen. Müffelte das nicht nach einer Weile? Nicht unbedingt, denn Kleidung aus Wolle- und Leinenfasern kann man zum Lüften aufhängen, wodurch sie wieder frisch wird. Naturfasern haben einen eigenen Fettmantel, der durch zu häufiges Waschen eher zerstört wird. Das ist in der Zeit von Spezialwaschmittel und Hygienespülern zwar schwer vorstellbar, funktioniert aber heute so gut wie damals. Alles war handgemacht, so auch die Schuhe. Man trug dünne Lederschuhe mit verstärkten

Mittelalterliche, wendegenähte Schuhe aus dünnem Leder mit Reitsporen

Silberner Fürspan mit Flussmuschelperlen, Grabfund 2008 bei einem Mann in einer Dreifachbestattung

Sohlen, die sich aber trotzdem relativ schnell durchliefen. Deshalb mussten die Sohlen oft erneuert werden und so finden die Archäologen in anderen mittelalterlichen Orten regelmäßig Hunderte von abgetretenen Schuhsohlen in den Straßengräben. Leider nicht in Berlin, obwohl hier in den letzten Jahren so viel in der Innenstadt gegraben wurde. Aber der sandige Berliner Boden greift die Lederfunde an und lässt sie zerfallen. Die dünnen Lederschuhe zogen auch schnell Wasser. Deswegen trug man bei Regen und im Matsch Holzpantinen oder Überschuhe, sogenannte Trippen. Die Trippen erlebten vor einigen Jahren durch eine Berliner Firma eine kleine Renaissance und die Holzpantinen sind den meisten noch durch die Holland-Andenken (Klompen) ein Begriff.

Die Frauen trugen lange, gegürtete Obergewänder aus Wolle (Cotte). Aus der Buchmalerei für das 13. Jahrhundert sind auch ärmellose Überkleider nach französischem Vorbild bekannt (Surcot). Zur Frauenkleidung gehörten Kopfbedeckungen und tuchartige Mäntel. Knöpfe gab es an den Mänteln nicht, nur an den Unterarmen mancher Kleider. Die geschlitzten Halsausschnitte der Kleider wurden mit Ringbroschen (Fürspane) geschlossen. Die einfacheren Fürspane waren aus Eisen oder aus Bronze geschmiedet beziehungsweise gegossen. Es gab aber natürlich auch Stücke, die wesentlich kostbarer waren. In einem Grab auf dem St.-Petri-Kirchhof in Cölln wurde eine sternförmige Silberbrosche mit Flussmuschelperlen gefunden. Leider

Museumsdorf Düppel: Frauen in mittelalterlicher Kleidung beim Nähen

war von den Textilien in dem Grab nichts mehr erhalten. Dieses Grab stammte aus der Zeit um die Wende vom 12. zum 13. Jahrhundert. Darin waren drei Männer begraben. Also könnte der silberne Fürspan einem Mann gehört haben, aber es mag natürlich auch das Geschenk einer Frau gewesen sein. Fürspane werden bei Mittelaltergrabungen in Berlin und Brandenburg selten gefunden, Gürtelschließen, Gürtelbeschläge und Gürtelstrecker kommen deutlich häufiger vor.

Adlige Damen trugen zu ihren schönen teuren Kleidern bodenlange Mäntel, die mit Seide oder Fell gefüttert waren und mit Tasselscheiben zusammengehalten wurden. Tasselscheiben sind große, runde Metallknöpfe mit Haken, zwischen denen die Tasselschnur läuft, die verhindert, dass der Mantel von der Schulter rutscht. Tasselscheiben konnten sehr kostbar aus edlen Materialien gestaltet sein. Die berühmte Steinskulptur der Reglindis im Naumburger Dom trägt einen solchen Tasselmantel (Abbildung auf Seite 144).

Die adligen Frauen trugen in der ersten Hälfte des 13. Jahrhunderts einen kronenartigen Haarreif (Schapel). Das Schapel konnte aus Edelmetall gefertigt und mit Metallblüten oder auch mit Halbedelsteinen, Perlen oder Korallen verziert sein. Verheiratete Frauen trugen ebenfalls ein Schapel, darüber aber zusätzlich ein Kinnband (Gebende), das seitlich am Kopf mit einer Nadel festgesteckt wurde, sowie eine kronenartige Kopfbedeckung. Diese konnte mit einem Schleier bedeckt werden, musste aber nicht. Die adligen Damen be-

vorzugten delikat geknüpfte Haarnetze, die an den Kreuzungspunkten mit Perlen oder Blüten verziert werden konnten und durch deren feine Maschen das Haar hindurchschimmerte. Die einfachen Frauen hingegen trugen praktische Kopftücher aus dünnen Woll- oder Leinenstoffen, die am Kopf verknotet oder mit Nadeln festgesteckt wurden, während die Männer das Haar offen trugen.

Wie im 13. Jahrhundert: Haarnetze zu knüpfen ist ein mühsames Geschäft!

Lebensrisiko, Tod und Bestattung

Kinder hatten im Mittelalter und in der Frühen Neuzeit ein ungleich stärkeres Sterberisiko als heute und auch für junge Mädchen und Frauen gab es damals zahlreiche Unwägbarkeiten, nicht zuletzt verursacht durch viele aufeinanderfolgende Schwangerschaften und das damit verbundene Risiko von Fehlgeburten. Es gab im Mittelalter zwar diverse Verhütungsmethoden, aber die überlieferten Zeugnisse belegen, dass die Frauen damals trotzdem eine deutlich höhere Anzahl an Schwangerschaften erlebten, als wir uns das heute vorstellen mögen. So waren damals Zahlen zwischen zehn und 20 Schwangerschaften wohl nicht ungewöhnlich.

Die Geburt eines Kindes war eine risikoreiche Angelegenheit zu einer Zeit, in der die Frauen bei der Geburt auf sich allein gestellt oder auf die Hilfe einer erfahrenen Nachbarin oder Bekannten angewiesen waren. Wenn es sich um kompliziertere Gebärlagen oder

Mehrlingsgeburten handelte, kann man sich ausmalen, wie hoch das Sterberisiko für die Gebärende und ihren Säugling sein konnte und auch die Zahlen vom Petrikirchhof belegen eine hohe Kindersterblichkeit. Man kann für das Mittelalter nicht davon ausgehen, dass schwangere Frauen sich besonders hätten schonen können. Aus einer frühneuzeitlichen Quelle aus dem Moselgebiet geht aber im Zusammenhang mit bäuerlichen Abhängigen hervor, dass zumindest Wöchnerinnen eine Zeitlang von der Dienstarbeit auf dem Feld befreit waren und ihre Arbeit dreimal am Tag unterbrechen durften, um ihr Kind zu stillen. Also ist demnach für diese Bevölkerungsgruppe eine gewisse Art des Mutterschutzes möglich gewesen. Es ist bisher noch nicht gut erforscht, wann bei den Mädchen beziehungsweise jungen Frauen im 12. und 13. Jahrhundert die Gebärfähigkeit einsetzte und wann die Frauen damals im Durchschnitt ihr erstes Kind zur Welt brachten.

Die Lebenserwartung im Mittelalter wird immer wieder diskutiert und auch die Entwicklung der Körperhöhe, die meist mit der Ernährung in Zusammenhang gebracht wird. Die Lebenserwartung im Mittelalter verlief exponentiell, das heißt, dass bei Erreichen eines bestimmten Lebensalters auch die Chancen deutlich stiegen, noch älter zu werden. Hatte also ein Kind sein erstes Lebensjahr gut überstanden, so hatte es keine schlechten Chancen, drei Jahre alt zu werden. Ein dreijähriges Kind hatte gute Chancen, acht Jahre alt zu werden und so weiter. Frauen hatten durch die häufig aufeinander folgenden Schwangerschaften und Geburten, von denen gewiss nicht alle erfolgreich verliefen, ein höheres Sterberisiko im gebärfähigen Alter. Männer hatten hingegen durch Unfälle oder durch Auseinandersetzungen ein erhöhtes Sterberisiko. Die Kindersterblichkeit war im Mittelalter viel höher als heute und auch Erwachsene waren multiplen Sterberisiken ausgesetzt, weil es damals noch keine Antibiotika gab, die uns heute zur Ausheilung vieler Infektionen dienen.

Der Tod eines Kindes oder eines geliebten Menschen war eine göttliche Entscheidung. Wenn er entschieden hatte, einen Menschen »zu sich zu holen«, dann hatte man das als mittelalterlicher Gläubiger zu akzeptieren. Der Tod war allgegenwärtig. Öffentlich zur Schau gestellte Trauer über den Verlust eines geliebten Menschen bedeutete, dass man an der Rechtmäßigkeit der Gottesentscheidung zweifelte. Vom mittelalterlichen Mann wurde aber erwartet, dass er Gott am

Leichentuchbestattung in einem Gemälde von Josse Lieferinxe, Marseille 1497–1499, »St. Sebastian betet für die Pestopfer«

meisten liebte, dass er ein »guter« Gläubiger war. Viele Kinder wurden deshalb auch nicht von ihren Eltern, sondern von Totengräbern bestattet. Vor allem Neugeborene und junge Kinder bekamen manchmal kein eigenes Grab, sondern wurden anderen Toten mit ins Grab gelegt. Das konnte man an den vielen Tausend Gräbern vom Cöllner Petrikirchhof gut beobachten. Durch genetische Untersuchungen an zusammengelegten Skeletten wurde festgestellt, dass bei den Beilegungen in den meisten Fällen biologisch kein verwandtschaftliches Binnenverhältnis bestand. Manchmal wird auch in den Raum gestellt, dass die Beilegung eines Babys die kostengünstigere Art der Bestattung gewesen war, aber über die damaligen Grabgebühren haben wir keinerlei Informationen, weshalb sich hierzu keine sicheren Schlüsse ziehen lassen. Sowohl auf dem Dominikaner- als auch auf dem Franziskanerkirchhof gab es Laienbestattungen, nicht nur Gräber von Mönchen, wie man es erwarten könnte. Ein Beispiel hierfür ist Konrad von (das heißt aus) Beelitz, der am 15. Mai 1308 in Berlin starb. Er handelte mit Wolle, Wachs und Getreide und wird 1290, 1295, 1298 und 1302 im Hamburger Schuldbuch erwähnt. Im Jahr 1288 erschien er als Berliner Ratsmann, der durch seine langjährige Handelstätigkeit zu Reichtum und Einfluss gekommen war. Schafwolle, Bienenwachs und vermutlich Roggen waren die regionalen Produkte, mit denen Conrad gute Geschäfte machte. Er war sicher Mitglied der Kaufmannsgilde, denn diese berufsständische Vereinigung regelte und vertrat die Interessen der Kaufleute. Konrad von Beelitz, Albert Krähenfuß, Heinrich Lange, Johannes von Rode und Heinrich Wiperti waren Berliner und Cöllner Kaufleute, die im Hamburgischen Schuldbuch genannt werden. Sie gehörten zum Patriziat der märkischen Kaufleute, aber nur von Konrad von Beelitz wissen wir wegen seiner Grabplatte, dass er in der Franziskanerklosterkirche bestattet wurde. Er ist auf der Grabplatte mit einer gegürteten Cotte dargestellt und lächelt den Betrachter freundlich betend an. Dass er sich nicht in der Nikolaikirche bestatten ließ, die durch das Patrozinium des heiligen Nikolaus als Kirche der Kaufleute gilt, erscheint bemerkenswert. Vielleicht wollte er zum Ausdruck bringen, dass er trotz all seines Reichtums ein gottesfürchtiger Mann geblieben war. Jedenfalls lässt sich hieraus schließen, dass die Bettelordenskirchhöfe offensichtlich in einer gewissen Bestattungskonkurrenz zu den Pfarrkirchen standen. Für die Begräbnisse wurden Gebühren fällig, die neben Spenden eine stetige Einnahmequelle für die Kirchengemeinden bedeuteten. Aus der Mark Brandenburg ist urkundlich sehr wenig über das frühe Bestattungswesen bekannt.

Die im Berliner und Cöllner Boden gefundenen Gräber geben auch keine direkte Auskunft zum Lebensgefühl und zu den Regeln und Normen der mittelalterlichen Gesellschaft. Sie sagen allenfalls etwas über die Art und Weise der Bestattungsriten aus. Manche der wenigen Grabbeigaben spiegeln möglicherweise etwas von den Jenseitsvorstellungen der damaligen Gesellschaft wider. So haben wir bereits im vierten Kapitel erfahren, dass die ersten Cöllner in sogenannten Leitersärgen bestattet wurden. Aber auch Leichentuchbestattungen waren üblich, bei denen die Toten ohne Sarg, nur in Tücher gehüllt, beerdigt wurden. Das Begräbnis im Leitersarg gilt als Reminiszenz an das Martyrium des heiligen Laurentius. Der war im 11./12. Jahrhundert ein stark verehrter Heiliger. Er starb auf einem glühenden Rost über einem Feuer. Deshalb wurde er oft mit einem Rost dargestellt oder der Rost steht als Zeichen für ihn. Leitersärge wurden auf fast allen mittelalterlichen Kirchhöfen in Berlin und Brandenburg gefunden. Diese Sonderformen der Särge sind nicht regionalspezifisch für Berlin und Cölln, sondern entstammen den mittelalterlichen Glaubensvorstellungen und wurden vom 12. bis in das ausgehende 13. Jahrhundert benutzt, wie Radiokarbondatierungen vom Petrikirchhof zeigten. Interessanterweise gibt es in unserer Gegend aber kaum Kirchen mit Laurentius-Patrozinien, stattdessen dominieren die St. Nikolai, Petrus- und Marienkirchen, sodass man sich fragen kann, ob sich vielleicht eher Fremde in Leitersärgen bestatten ließen.

Von den Leichentüchern oder von der Bekleidung der mittelalterlichen Toten ist im Regelfall nichts erhalten geblieben. In unserem trockenen, sandigen Boden vergehen Holz und Textilien relativ schnell, nur Keramik, Metall, Glas und Tierknochen überdauern hartnäckiger. Holz erhält sich nur, wenn es beständig im Wasser lag. Die ältesten Gräber berührten den Grundwasserspiegel nicht, denn im Mittelalter vermied man es tunlichst, das Grundwasser zu kontaminieren. Auch wenn die dafür verantwortlichen physikalischen Wirkmechanismen noch nicht genau bekannt waren, beobachteten die Menschen ihre Umwelt doch sehr genau und zogen ihre Schlüsse daraus. So war es zum Beispiel bekannt, dass Brunnen und Kloaken nicht zu dicht beieinander gebaut werden sollten. Man kann sich denken, warum das ein nützlicher Hinweis war.

Alltag und Lebensführung

Ganz anders als heute gestaltete sich der tägliche Lebensrhythmus der Menschen. Man muss sich vorstellen, dass die Bewirtschaftung eines mittelalterlichen Haushalts oder eines Hofes den gesamten Tag in Anspruch nahm, weil alles viel länger dauerte als wir es heute gewohnt sind.

So mussten zum Beispiel die Abortgruben regelmäßig leer geschöpft und die Ställe ausgemistet werden. Tiere wurden auch in der Stadt gehalten. Auf vielen Grundstücken dürften sich Ställe oder kleine Scheunen auf dem hinteren Teil des Grundstücks befunden haben, wo ein paar Kühe, Schweine, Hühner oder Gänse gehalten wurden.

Ein solcher städtischer Kleinhof wurde im Jahr 2000 an der Gertraudenstraße, direkt gegenüber dem Petriplatz, ausgegraben. Teile dieses Grundstück zerstörte – vermutlich im späten 14. Jahrhundert – ein Brand, der wohl im Brauhaus auf dem Hinterhof ausgebrochen war. Dort befand sich ein mehrräumiges Fachwerkgebäude, das wahrscheinlich als Braustätte genutzt worden war. Auf dem Lehmboden des Holzbaus fanden die Archäologen damals eine dicke Schicht von verbrannten Gerstenkörnern. In der Getreideschicht waren auch verkohlte Hölzer, die während des Brandes von der Oberkonstruktion des Gebäudes auf den Boden herabgefallen waren. Eins davon ergab ein Fälldatum von nach 1227, was ein Hinweis auf das Alter des Hauses ist. Das verkohlte Getreide hatte sich gut im Boden erhalten. Archäobotanische Untersuchungen zeigten, dass es sich um angekeimte Gerste handelte, das Ausgangsprodukt für die Steinbierherstellung. Eine Ankeimzeit von drei Tagen ließ sich an der Länge und Beschaffenheit der Keimlinge ermitteln, die bereits aus den Körnern herausgewachsen und, durch den Brand verkohlt, erhalten geblieben waren. Steinbier wurde mithilfe von heißen Steinen, die in den Brausud gegeben wurden, hergestellt. Auch die Brausteine wurden gefunden. Bei deren Erhitzen im offenen Feuer war vermutlich auch das Schadfeuer ausgebrochen. Der Lehmfußboden des etwa 100 Quadratmeter großen Holzhauses und der vorgelagerte Hühnerstall waren im Befund gut erkennbar. Auf dem Boden vor dem Hühnerstall lag noch ein zerdrücktes Ei. Das Grundstück hatte einen Doppelbrunnen, dessen Holz nach dem Jahr 1302 beziehungsweise um nach 1326 gefällt worden war. Nach dem Verlust des Brauhauses ist das Grundstück bis ins 20. Jahrhundert weiter bebaut worden.

Im mittelalterlichen Haushalt gibt es immer Arbeit. Living History im Haus Nienover

Zu den regelmäßigen Verrichtungen in einem mittelalterlichen Haushalt gehörte auch das Ausbessern der Kleidung. Es musste ständig genäht, gestopft und geändert werden. Je mehr Personen zu einem Haushalt gehörten, desto mehr Kleidung war zu flicken und zu ändern. Es mussten entsprechend viele Teller, Becher, Löffel und Schüsseln vorgehalten und abgewaschen sowie Essen für alle zubereitet werden. Wir leben in einer Zeit, in der warmes Wasser aus der Wand kommt und Lebensmittel bequem im Supermarkt eingekauft werden. Damals musste jeder Tropfen Wasser aus dem Brunnen geholt werden. Allein Wasser zu holen und Holz zu machen für einen mittelgroßen Haushalt konnte einen ganztags gut beschäftigen. Das alltägliche Brot wurde häufig selbst gebacken und die Zubereitung nahm einige Zeit in Anspruch. Man war eigentlich rund um die Uhr mit der Besorgung des Haushalts beschäftigt. Wenn der Abend hereinbrach, verlagerte sich das Leben in das Innere der Häuser, die Stadttore in Berlin und Cölln wurden geschlossen und die Schildwachen bezogen ihre Posten. Wer nicht Bürgerin oder Bürger von Berlin oder Cölln war, musste die Städte spätestens bei Sonnenuntergang verlassen haben.

Welche überaus harten Strafen für Zuwiderhandlungen gegen die öffentliche Ordnung fällig wurden, haben wir bereits aus dem Berliner Stadtbuch erfahren.

Körperhygiene

Es gibt einen Teil des mittelalterlichen Lebens, mit dem wir uns bislang noch nicht beschäftigt haben: die Körperhygiene. Im Mittelalter wusch man sich seltener als heute und auch die Zähne wurden nicht geputzt. Trotzdem haben die meisten mittelalterlichen Toten ganz weiße Zähne. Wie kann das sein? Es liegt daran, dass man damals weniger Kohlenhydrate zu sich nahm und süßes Essen kein Diktum war. Es wurde mit Honig gesüßt und weder sehr süß noch extrem salzig gegessen. Salz war für die Bürger von Berlin und Cölln sicher leichter erreichbar als Zucker, aber trotzdem ein teures Vergnügen. Salz kam aus dem Norden, zum Beispiel aus Lüneburg, aber auch von anderswo.

Die Zähne der archäologisch gefundenen Skelette verraten uns viel über die einstige Ernährung der entsprechenden Individuen. Schon bei jungen Menschen kann man stark abgekaute Zähne beobachten. Die Zahnoberflächen sind tief verschliffen, weil das Mehl damals in Steinmühlen gemahlen wurde und dadurch immer etwas Steinstaub im Brot landete. Auch der Verzehr von grober Kleie führte zu einem erheblichen Abrieb der Zähne. Karies, Zahnstein und Parodontose lassen sich dagegen kaum an mittelalterlichen Gebissen feststellen, denn sie werden durch eine kohlehydratreiche Ernährung getriggert. Dafür konnten einfache Zahnentzündungen im Mittelalter schnell gefährlich werden, weil der Mund herznah ist und sich Infektionen aus der Mundhöhle rasch im gesamten Körper ausbreiten konnten.

Das mittelalterliche Bad fand im See, im Fluss oder im Badehaus statt. Weder in Berlin noch in Cölln ist ein mittelalterliches Badehaus bekannt, aber anderorts gab es das gewöhnlicherweise. Im Badehaus saß man in Zubern oder saunierte eher, als dass man sich wusch, indem man sich mithilfe von Quasten aus Gras oder dünnen Zweigen mit Wasser bespritzte. Der Bader zog auch die Zähne, wenn es nötig war. Einen Zahnarzt gab es damals nicht. Einen Arztbesuch musste man sich leisten können, weswegen die meisten Berliner und Cöllner wahrscheinlich darauf verzichteten.

Knochenkamm aus dem 13. Jahrhundert mit Punktaugenverzierungen, gefunden am Petriplatz 2008

Und war wirklich jeder verlaust? Wahrscheinlich schon, wenn man sich die damaligen Kämme anschaut. Sie hatten eine feinzinkige und eine grobzinkige Seite. Mit den feinen Zinken konnte man sich die Nissen, also die Läuseeier, aus den Haaren kämmen. Bei den Ausgrabungen auf dem Petriplatz im mittelalterlichen Cölln wurden mehrere solcher Kämme gefunden. Kämme konnten aber auch Ritual- oder Prestigeobjekte sein. Aus England ist ein solcher Kamm aus Elfenbein (Elefantenzahn) erhalten. Er wurde als liturgischer Kamm benutzt, der Priester kämmte sich vor dem Gottesdienst damit die Haare. Auf dem britischen Kamm sind der englische König Heinrich II. (1154–1189) und der von dessen Rittern ermordete Erzbischof von Canterbury, Thomas Becket (1118–1170), abgebildet. Genau solche Sonderprodukte wurden aufgrund ihrer Qualität, ihres Wertes und ihrer Seltenheit schon früh in Museen vcrwahrt oder in privatcn Kollektionen gesammelt. Sie prägten lange Zeit unser materielles Bild vom Mittelalter. Durch die Ausgrabungen der letzten Jahrzehnte sind aber zahllose neue Objekte dazukommen, meist Alltagsgegenstände, die uns den Unterschied zwischen Alltag und Luxus inzwischen gut verstehen lassen. Man erkennt deutlich die Ähnlichkeit zwischen beiden Kämmen, aber in Bezug auf die Erwerbungsgeschichte trennen sie Welten, weil wir nie erfahren werden, wem der Kamm vom Petriplatz einst gehörte.

Kapitel 8
Wie erfahren wir Neues über die ersten Berliner?

Internationales Forschungsprojekt zur Herkunft der ersten Berliner

Vor 1989 hatte sich in der Forschung zu den Anfängen Berlins und Cöllns lange wenig getan. Die spärlichen Schriftquellen galten als ausgeforscht und vor allem die Zeit vor 1237 als überaus dunkel, weil entsprechende Dokumente fehlen. Über Gründungsdaten und -umstände der beiden Spreestädte wurden mehr oder weniger plausible Hypothesen gebildet, während alte Vermutungen weiter aufrechterhalten wurden.

Doch dann schlug die Stunde der Archäologie: 1989 fiel die Mauer und die Ost- und Westhälfte Berlins wurden wieder eine Stadt. In der wiedervereinigten Metropole setzte eine umfangreiche Bautätigkeit ein. Im Zuge des Umbaus von Berlin zum Regierungssitz wurde die Entwicklungsmaßnahme Parlaments- und Regierungsviertel gestartet, jeweils hälftig vom Bund und von der Stadt Berlin finanziert. In diesem Rahmen wurden große archäologische Grabungen in den Arealen der ehemaligen Altstädte Berlin und Cölln durchgeführt. Diese Maßnahme ist mittlerweile abgeschlossen, aber Nachverdichtungen und Umgestaltungen gehen weiter. Zahlreiche Ausgrabungen seit 1995, etwa am Heiliggeistspital, in der Breiten Straße, am ehemaligen Ahornblatt, am Petriplatz, am Schloßplatz oder die im Jahr 2019 begonnenen Ausgrabungen am Molkenmarkt erbrachten und erbringen viele neue Einblicke in die mittelalterliche Stadtgeschichte. So tauchten 2008 am Palast der Republik die Fundamente der alten Dominikanerklosterkirche und angrenzender Bauten in Cölln wieder auf. Sie sind heute im Untergeschoss des Humboldt Forums noch in Teilen zu sehen. Im Dezember 2021 wurde bei Leitungsverlegungsarbeiten am Molkenmarkt ein sensationell gut erhaltener hölzerner Bohlenweg aus der ersten Hälfte des 13. Jahrhunderts entdeckt. Zuvor schon waren die Fundamente des spätmittelalterlichen Patrizierhauses Blankenfelde unweit davon ausgegraben worden.

Ausgrabungen am Petriplatz

Von noch höherem Wert für die Erforschung der Stadtgeschichte sind die von 2007 bis 2009 vorgenommenen Ausgrabungen am Petriplatz. Hier, wo bis 1964 die Pfarrkirche Cöllns stand, konnten über die früheste mittelalterliche Bevölkerung wichtige Erkenntnisse gewonnen werden, die auch unser Wissen über die anfängliche Entwicklung von Cölln sehr bereichern. Zwar wurden auch zahlreiche frühe Gräber im Stadtgebiet des mittelalterlichen Berlin ausgegraben, aber nicht mit der gleichen Methode wie jene vom Petrikirchhof erschlossen, weshalb bei diesen Gräbern vor allem feinchronologische Fragen und Binnenbezüge unbekannt bleiben. Denn ist ein Grab erst mal aus dem Boden entnommen, kann über die ursprüngliche Lage in Bezug zu darüber gelegenen Gräbern oder darunter folgenden nur noch wenig erschlossen werden. Aus Berlin liegen auch bei Weitem nicht so viele Gräber vor wie an der Cöllner Pfarrkirche St. Petri gefunden wurden. Normalerweise werden bei Ausgrabungen auf mittelalterlichen Kirchhöfen nur ein paar Dutzend Gräber entdeckt, auch mal einige Hundert. Doch auf dem Petrikirchhof wurden insgesamt 3221

Ausgrabungen am Petriplatz

Freilegung von Gräbern

Gräber geborgen, welche die Gebeine von fast 3778 Menschen ganz überwiegend aus dem Mittelalter enthielten. Zum Vergleich: Keine Stadt in Deutschland, auch nicht die damaligen Metropolen Köln, Nürnberg oder Lübeck, hatte im Mittelalter mehr als 50000 Einwohner. Sie waren also nach heutigen Begriffen nicht einmal »halbe« Großstädte. Bereits mit zehntausend Einwohnern (wie sie etwa Frankfurt am Main oder Regensburg gehabt haben sollen) galt eine Siedlung damals als große Stadt. Berlin und Cölln zählten nicht zu dieser Kategorie. Dort gab es am Ende des Mittelalters vermutlich nur einige Tausend Seelen, vor dem Jahr 1300 könnten es auch deutlich weniger gewesen sein. Vor diesem Hintergrund muss die Zahl der an der Cöllner Petrikirche gefundenen Toten als enorm hoch eingeordnet werden. Natürlich handelt es sich dennoch nur um einen Teil aller einstmals dort vorgenommenen Bestattungen, von dem wir nicht wissen, welchen Anteil an der Gesamtzahl er ausmacht. Man kann davon ausgehen, dass etwa ein Viertel des Petrikirchhofs ausgegraben ist.

Die erschlossenen Gräber bargen überaus reiche Informationen. Seit 2015 werden die Gebeine der Toten vom Petriplatz genauer er-

Mittelalterliche Gefäße am Archäologischen Fenster in der Berliner Nikolaikirche

forscht mit Fokus auf die frühesten Bestattungen. Durch konventionelle osteologische Untersuchungen lassen sich nicht nur Aussagen zum Sterbealter und zum biologischen Geschlecht der Toten vornehmen, sondern auch zu ihren Ernährungsgewohnheiten, zum Stand ihrer medizinischen Versorgung sowie zum allgemeinen Gesundheitszustand der damaligen Bevölkerung. Dies alles konnte sehr differenziert ermittelt werden, denn die Gräber sind in umgekehrter Reihenfolge ihres Entstehens erschlossen worden, eines nach dem anderen. So konnte die relative chronologische Abfolge vom ersten bis zum letzten Grab gesichert und dokumentiert werden. Dadurch traten die frühesten Bestattungen klar aus der Gesamtmenge der Gräber hervor und ermöglichten spezielle Untersuchungen an jenen Cöllnern, die bis zum Ende des 13. Jahrhunderts gelebt hatten. An den frühesten Toten wurden neben osteologischen auch genetische Untersuchungen und Isotopenforschungen vorgenommen. Für die Forschung ist dabei interessant, wie hoch der Grad der Verwandtschaft zwischen den frühen Siedlern war und wo dieser Personenkreis ursprünglich herkam, weil sich daraus vielleicht Informationen zum Aufsiedlungsprozess und zur Herkunft der ersten Cöllner ableiten lassen. Bislang wird bei solchen Fragen mithilfe der Ortsnamenforschung argumentiert, aber die Untersuchungen an den Skeletten erschließen zusätzliche chemische und biologische Informationen zur Abstammung und zu eventuellen Wanderungsbewegungen. Die Körperfunde aus der Stadtmitte ermöglichen durch den technischen Methodenfortschritt heute die Erschließung völlig neuer Quellengattungen wie Erbgut und Isotopen, die sich auf natürliche Weise im Körper befinden oder durch Atmung und Ernährung oder Infektionen hineingelangen.

Vom ehemaligen Petrikirchhof sind insgesamt 1306 Personen geborgen worden, die vor 1300 verstarben. Darunter waren 37 Prozent Kinder und Jugendliche. Dieser hoch anmutende Anteil von mehr als einem Drittel Juveniler ist für vormoderne Skelettserien nicht ungewöhnlich. Man geht oft davon aus, dass auf vielen Friedhofsgrabungen ein Kinderdefizit zu verzeichnen ist, weil die fragilen Knochen der Kinder schneller vergehen. Wegen des guten Erhaltungszustands der Gebeine vom Petrikirchhof ergibt sich hier wohl ein realistisches Bild der kindlichen bis jugendlichen Sterbebevölkerung. Selbst Föten ab etwa dem fünften Schwangerschaftsmonat waren bei in der Schwangerschaft verstorbenen Frauen oder auch als Einzelbestattungen auf dem Petrikirchhof erkennbar.

Mittelalterliche Kanne und Daubenschale sowie ein slawischer Topf aus Blankenburg

Insgesamt scheint das Leben im frühen Cölln auskömmlicher und gesünder gewesen zu sein als in London zur selben Zeit, denn nur aus London liegen bisher vergleichbar dichte Daten wie vom Petrikirchhof vor. Deshalb lässt sich auch die Frage nach dem Vergleich der Lebensbedingungen in Berlin und Cölln nicht einfach beantworten. Vermutlich sind beide Kommunen eher ländliche Orte gewesen, deren Bewohner nicht an Mangelernährung und schlechter Luft litten. Viele Bewohner versorgten sich wahrscheinlich in ihren Gärten mit dem Nötigsten und zogen auch Kleinvieh wie Hühner und Enten auf ihren Grundstücken auf. Große Tiere wie Schweine, Kühe und Pferde wurden nicht

unbedingt in der Stadt aufgezogen, denn Strontium-Isotopen-Untersuchungen einiger Großtierknochen haben gezeigt, dass diese Tiere wahrscheinlich aus dem Thüringer Wald nach Berlin und Cölln gebracht wurden.

Es gibt einen sehr umfangreichen Themenkreis, der sich auf Detailfragen zur mittelalterlichen Bevölkerungsgesundheit und zu Details der Lebensweise und der medizinischen Versorgung bezieht und von denen sich einige möglicherweise jetzt durch die gut datierten Körperfunde werden klären lassen. Dabei sind die gefundenen Toten vollständig skelettiert, es liegen also nur Gebeine zur Untersuchung vor, was die Erkenntnismöglichkeiten eingrenzt, denn am Skelett kann man im seltensten Fall feststellen, woran jemand gestorben ist. Die meisten Erkrankungen hinterlassen keine oder nur wenige sichtbare Spuren an den Knochen.

Was bisher dargelegt wurde, sind Erkenntnisse, die im Wesentlichen aus den makroskopischen osteologischen Untersuchungen gewonnen wurden, also aus der Betrachtung der Gebeine durch Anthropologen. Es gibt aber inzwischen andere Möglichkeiten, mithilfe naturwissenschaftlicher Laboruntersuchungen gleichsam tiefer in die Knochen einzudringen und ihnen Informationen zu entlocken, die mit bloßem Auge nicht sichtbar sind. Dazu gehören Radiokarbondatierungen, Isotopenanalysen und DNA-Untersuchungen. Jede dieser Methoden bietet unterschiedliche Erkenntnisansätze und jede hat klare Grenzen. Das müssen Forscher stets im Auge behalten, wenn sie sich ihrer bedienen. Auch muss man sich der Herausforderungen bewusst sein, die durch Missverständnisse bei der geisteswissenschaftlichen Deutung naturwissenschaftlicher Ergebnisse entstehen können. Wenn wir sie im Folgenden vorstellen, kann dies selbstverständlich nur in sehr allgemeiner Form geschehen.

Radiokarbonmethode

Die Radiokarbonmethode oder ^{14}C-Datierung ist neben der Dendrochronologie wohl die allgemein bekannteste naturwissenschaftliche Untersuchung in der Vergangenheitsforschung. Sie dient zur Altersbestimmung von organischen Materialien und wurde Mitte des 20. Jahrhunderts entwickelt. Diese Analysemethode beruht darauf, dass jeder lebende Organismus Kohlenstoffatome bindet, die aus der Stratosphäre stammen und vor allem über die Nahrung in den Kör-

Bohlendamm aus der Anfangszeit Berlins an der Stralauer Straße

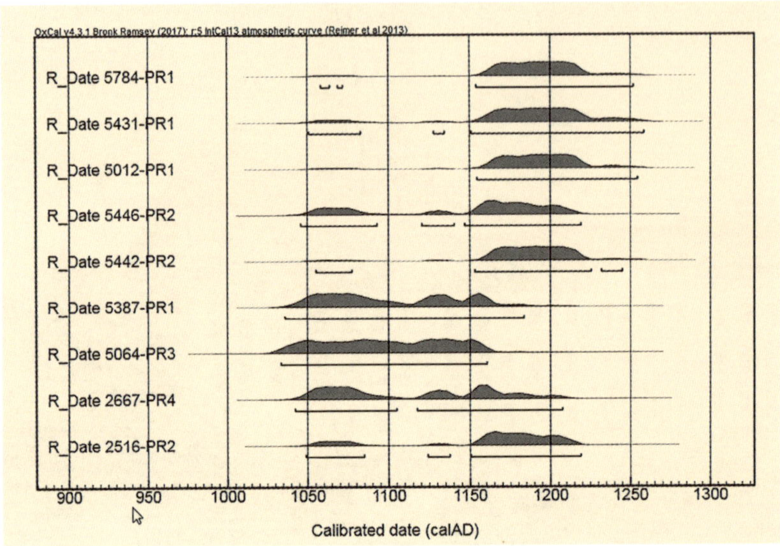

Übersicht zu neun radiokarbondatierten Skeletten vom Petrikirchhof. Lesebeispiel: Das Indivduum in der dritten Zeile von unten ist zwischen 1030 und 1160 verstorben.

per gelangen. Stirbt der Organismus ab, dann beginnt der radioaktive Zerfall der Kohlenstoffatome, sodass sich deren Gehalt allmählich verringert, und zwar mit einer feststehenden Halbwertszeit. Diesen Zerfallsprozess kann man mit einem Massenspektrometer messen und so den Zeitpunkt des Lebens des Organismus bestimmen. Allerdings ist diese Datierung nicht jahrgenau wie die Dendrochronologie, sondern ergibt immer Zeitspannen, mit denen Wahrscheinlichkeitsgrade verbunden sind. Diese Methode hat schon zu vielen verblüffenden Korrekturen geführt. So wurde damit etwa die Bronzestatue der Kapitolinischen Wölfin in Rom auf das hohe Mittelalter statt wie zuvor vermutet auf das 5. Jahrhundert v. Chr. datiert, wobei nicht das anorganische Metall, sondern in der Bronze eingeschlossenes organisches Material analysiert wurde. Allerdings gibt es auch Schwächen. So kann das Problem auftreten, dass bestimmte Werte für mehrere Zeitperioden gleich sein können, also keine eindeutige Datierung zulassen. Und der massenhafte Konsum bestimmter Nahrungsmittel, wie zum Beispiel von Meeresfischen, kann die Ergebnisse sogar grob verfälschen.

Im Falle der ersten Cöllner hat die Radiokarbondatierung ebenfalls ganz überraschende Ergebnisse erbracht: Bei dem ältesten Toten vom Petrikirchhof zeigte sich, dass der betreffende Mensch höchstens bis 1160 gelebt hat. Bei den Toten wird nicht der Zeitpunkt des

Versterbens gemessen, sondern der Zerfall des während der Lebenszeit aufgenommenen Kohlenstoffs. Die Naturwissenschaftler gehen davon aus, dass der größte Teil des Kohlenstoffs während der ersten 20 Lebensjahre im Körper verstoffwechselt wird. Da es sich bei dem am Petriplatz untersuchten Grab ohne Zweifel um eine christliche Bestattung handelte, auf die eine ununterbrochene Reihe von weiteren Gräbern folgte, handelt es sich hier wohl um den ältesten bekannten Cöllner. Dadurch ist der Anfang der Siedlung Cölln also mindestens ein Dreivierteljahrhundert früher anzusetzen als die urkundliche Ersterwähnung 1237. Das hat erhebliche Folgen für die Theoriebildung zur Siedlungsentstehung, weil die politische Ausgangsituation um 1150 völlig anders war als die um 1200, wie in Kapitel 2 dargelegt wird.

Isotopenanalyse

Eine weitere Methode ist die Isotopenanalyse, bei der die Mengenverhältnisse der stabilen Isotopen von Elementen wie Strontium, Sauerstoff oder Blei in Knochen, Zähnen oder Boden untersucht werden. Durch die Nahrung, vor allem durch Wasser, werden Isotopen in unsere Körper eingebaut. In bestimmten geologischen Zonen existieren unterschiedliche Isotopenverhältnisse, die durch Flusswasser gelöst von Tieren und Menschen aufgenommen werden und zu einem lokalen Signal in den körpereigenen Materialien führen. Es handelt sich um eine Methode, die insbesondere zum Nachweis von individueller Herkunft und Mobilität beziehungsweise Migration dienen kann. Durch den physiologisch bedingten Zahnwechsel beim Menschen, dessen Milchgebiss in einem Alter von fünf bis sieben Jahren dem bleibenden Gebiss weicht, kann man mit der Untersuchung derjenigen Backenzähne, die bereits beim Fötus angelegt sind, unter Umständen Migrationen nachweisen, wenn sich zwischen den Strontium-Isotopen-Verhältnissen im frühkindlichen Zahnbestand Unterschiede zu denen in den erwachsenen Zähnen zeigen. Das setzt allerdings voraus, dass Orte verschiedene Strontium-Signaturen haben. In der gesamten Norddeutschen Tiefebene, in der auch Berlin und Cölln liegen, treten nur geringfügige Änderungen in der Strontium-Isotopen-Verteilung auf; die europäischen Gebirgsregionen dagegen sind durch recht unterschiedliche Sr-Profile gekennzeichnet. Somit kann mithilfe der Strontium-Isotopen eine individuelle Migration zum Beispiel von Ostfriesland nach Berlin in der Regel schwer nachvollzogen werden, wohl aber eine aus dem Schwarzwald, dem Harz oder dem Thüringer Wald. Hier ist es also besonders wichtig im Auge zu behalten, dass mit dieser Methode nur bestimmte Migrationen überhaupt nachgewiesen werden können. Für die ältesten Gräber vom Petrikirchhof wurden bereits Isotopenuntersuchungen durchgeführt, die gezeigt haben, dass die meisten Bewohner wohl aus der Norddeutschen Tiefebene kamen und nur einzelne von weiter weg. Die Untersuchungen werden aber fortgeführt, weil sich viele Fragen ergeben haben, unter anderem auch zur Referenzkarte. Dabei wurde ein neuer Ansatz vorgeschlagen, der darin besteht, nicht die geologische Karte Deutschlands für die Kartierung der Isotopenverhältnisse heranzuziehen, sondern stattdessen die im Wasser gelösten Isotopen als Vergleichsgrundlage zu kartieren.

Genanalyse

Die dritte zu erläuternde naturwissenschaftliche Methode ist die jüngste, spektakulärste und am meisten mit Missverständnissen behaftete. Es handelt sich um die Analyse von genetischem Material. Erst seit gut einer Dekade ist es möglich, aus dem Erbgut lange verstorbener Menschen Aufschlüsse über sie zu gewinnen. Spätestens durch die Verleihung des Nobelpreises für Medizin an den Genetiker Svante Pääbo im Jahr 2022 ist dieser neue Zugriff auf die Vergangenheit allgemein bekannt geworden. Dem in Deutschland forschenden Schweden war es 2010/2013 gelungen, das Genom des Neandertalers zu entschlüsseln. Vorausgegangen war eine jahrzehntelange Forschung, die durchaus von zahlreichen Rückschlägen gekennzeichnet war. Alte DNS oder englisch aDNA liegt meist zerbrochen vor, wie die Gefäße, welche die Archäologen im Boden finden. Deshalb müssen bei der Erforschung des Erbguts längst verstorbener Menschen oder Tiere weitaus größere Anstrengungen unternommen werden, als es bei der Untersuchung von rezenter DNS der Fall ist, die heutzutage längst zur kriminalpolizeilichen Routinearbeit gehört. Pääbo forscht zu evolutionsbiologischen und paläoanthropologischen Fragestellungen, das heißt zur Entwicklung der Menschen als Art. Doch auch die Geschichtswissenschaften und die Archäologien haben durch die revolutionären Fortschritte der aDNA-Forschung neue Erkenntnismöglichkeiten gewonnen. Man kann mit der Analyse von altem Erbgut auf mehreren Ebenen nach neuen Informationen suchen. Zum einen werden langfristige Migrationsbewegungen nachvollziehbar, es lassen sich aber auch bevölkerungsdemografische Prozesse verfolgen sowie biologische Verwandtschaftsstrukturen zwischen einzelnen Personen oder Personengruppen. Ferner kann mithilfe genetischer Untersuchungen das biologische Geschlecht bestimmt werden. Das beinhaltet nicht die Information, zu welchem Geschlecht sich die Person zu Lebzeiten zugehörig fühlte. Unmöglich ist auch die Bestimmung der Zugehörigkeit eines einzelnen Toten zu einer bestimmten Volksgruppe. Ethnische Identität lässt sich nicht biologisch ermitteln, weil es sich um einen individuell-kulturellen Parameter handelt, der sich nicht in den Genen abbildet. Ein häufiges Missverständnis ist auch, dass es bei der Analyse von alter DNS vor allem um die Rekonstruktion des einstigen Erscheinungsbildes, des Phänotyps, eines Menschen gehe. Unter dem Phänotyp versteht man die Summe der äußeren Merkmale eines Lebewesens, im Gegensatz zum Genotyp, ein Begriff, mit dem die Gesamtheit aller Gene bezeichnet wird. Vielmehr werden in der Regel Sequenzen aus den nicht codierenden Abschnitten der DNA, die nicht an der Proteinsynthese beteiligt sind, ausgewertet. Nicht codierende DNA hat mit dem Aussehen oder den Krankheitsanlagen eines Menschen genauso wenig zu tun wie ein Fingerabdruck. Wir fallen mit dieser Methode keineswegs in die Zeiten der Rassenanthropologie zurück, als Schädelmessungen zur Grundlage von Vorurteilen über die Zugehörigkeit von Toten zu einer wahlweise slawisch oder germanisch assoziierten Bevölkerungsgruppe gemacht wurden. Es wird nicht nach typischen Merkmalen im Äußeren gesucht und natürlich auch nicht nach einem »slawischen« oder »germanischen« Gen, weil es das nicht gibt. Mit der genetischen Untersuchung wird vielmehr ein rein statistischer Ansatz verfolgt.

Doch wie funktioniert das eigentlich? In der Struktur von DNS-Molekülen sind Informationen über deren eigene Geschichte eingeschrieben. Insofern sind sie Vergangenheitsdokumente. Menschen haben zwar überwiegend übereinstimmendes Erbgut, doch infolge von Mutationen und Neuzusammensetzungen des Erbguts bei der zweigeschlechtlichen Fortpflanzung sowie infolge von anderen Prozessen ergeben sich über lange Zeiträume Sets von kleinen Unterschieden. Je enger zwei Menschen abstammungsverwandt sind, desto ähnlicher sind sich auch ihre Sets. Durch den Abgleich der abweichenden oder gemeinsamen Ausprägung spezifischer Basenabfolgen an bestimmten Stellen der DNS lassen sich Aussagen über genetische Verwandtschaftsgrade zwischen Individuen, aber auch zwischen Gruppen gewinnen. Populationen, die getrennt voneinander existieren, unterscheiden sich mehr als solche, die aufgrund geografischer Nähe einen regelmäßigen Austausch pflegen, deren Mitglieder sich also untereinander fortpflanzen. Somit lassen sich durch statistische (bioinformatische) Vergleiche die geografischen Herkünfte von Menschengruppen ermitteln. Folglich sind auch Erkenntnisse über Migrationen möglich sowie über demografische Entwicklungsprozesse. Durch aktuelle Fortschritte in der genetischen Analyse alter DNS können zudem Aussagen über Verwandtschaften getroffen werden, die nicht nur enge Verhältnisse wie zwischen Eltern-Kind, Geschwister-Geschwister beziehungsweise Onkel-Neffe und so weiter erfassen, sondern bis in weiter entfernte Verwandtschaftsgrade reichen, die den Individuen selbst möglicherweise gar nicht mehr bekannt sind. Es kann also nicht nur die ungefähre Herkunft einer Gruppe, sondern auch ihre (biologische) Verwandtschaftsstruktur ermittelt werden. Dabei ist, ähnlich wie beim biologischen Geschlecht, immer zu bedenken, dass Verwandtschaft auch ohne biologische Nähe bestehen kann, wenn sie auf Adoption oder Stiefelternschaft zurückgeht. DNS liefert, wie alle Quellen, immer nur einen Teil des Gesamtbildes und bedarf, ebenfalls wie alle Quellen, einer ganzheitlichen Interpretation, die wiederum stark von den gestellten Ausgangsfragen abhängt.

Erste genetische Untersuchungen wurden auch an den frühen Toten vom Petrikirchhof in Cölln durchgeführt und sie deuten darauf hin, dass die am frühesten Bestatteten in überraschend geringem Maße miteinander verwandt waren. Es scheint also nicht so zu sein, dass die Siedlung Cölln anfangs von Familien aufgesiedelt wurde. Vielmehr scheint es sich um einen Zuzug von eher unverwandten Individuen gehandelt zu haben, was doch einigermaßen überrascht. Allerdings konnten bisher noch nicht die neuesten gentechnischen Verfahren angewendet werden, mit denen sich auch die entfernteren Grade biologischer Verwandtschaft erfassen lassen. Bereits geplante neue Analysen werden hier hoffentlich bald tiefere Aufschlüsse ermöglichen, vielleicht auch zur geografischen Herkunft der ersten Bewohner der Siedlung. Da auch Vergleichsmaterial aus anderen regionalen Siedlungen der Epoche einbezogen werden soll, ist ein breites Informationsbild zu erwarten.

Interdisziplinäre Zusammenarbeit

Der eigentliche Game-Changer dürfte jedoch nicht in einer einzelnen Methode liegen, mag sie auch noch so faszinierend erscheinen. Vielmehr ist es die Kombination verschiedener naturwissenschaftlicher Untersuchungsmethoden mit den archäologischen und urkundlich/chronikalischen Evidenzen, welche die Forschung entscheidend weiterbringen könnten. Inzwischen gibt es schon einige sehr gute Beispiele dafür, etwa in Bezug auf die Völkerwanderungszeit. So erbrachte eine im Jahr 2022 veröffentlichte Studie zur frühmittelalterlichen Migration von der europäischen Nordseeküste nach Großbritannien interessante und auch erstaunliche Einblicke in das Zusammenleben von Zugewanderten und Einheimischen. Es ergab sich dabei ein deutlich vielfältigeres und stärker mikroregional geprägtes Bild als es die archäologischen Forschungen bis dato vermuten ließen. Die Spanne reichte dabei von Orten, in denen offenbar eher eine Absonderung der Gruppen herrschte, bis zu anderen, in denen eine rasche Vermischung der »alten« und »neuen« Einwohner stattgefunden haben muss. Die Studie gibt Anlass zur Hoffnung, dass ähnlich detaillierte Befunde auch für die ersten Einwohner unserer Stadt möglich sind. Dazu ist es allerdings nötig, dass Vertreter vieler Disziplinen zusammenarbeiten und die Methoden der jeweiligen Einzelfächer zumindest in den Grundzügen verstehen lernen. Ansonsten droht die Gefahr von Fehlschlüssen. Solche Forschungsvorhaben sind vor allem dann sinnvoll, wenn von vornherein gemeinsame Fragen und methodische Ansätzen entwickelt werden und wenn auch während der Untersuchungen ein kritischer Diskurs beibehalten wird. Das erfordert eine erhebliche Bereitschaft des Einzelnen, sich auf Unbekanntes einzulassen und auch unsicheres Gelände zu betreten. Naturwissenschaftliche Methoden sind in der Regel mit erheblichem Kostenaufwand verbunden. Angesichts des außerordentlichen Materials vom Petrikirchhof und seiner historischen Bedeutung besteht jedoch die durchaus begründete Aussicht, dass in absehbarer Zeit Neues über die ersten Berliner – genauer: die ersten Cöllner – zu erfahren sein wird. Es ist aber wichtig zu betonen, dass auch dies nicht die endgültige Klärung sein wird. Vielmehr geht es darum, dass der nie abgeschlossene Prozess der wissenschaftlichen Auseinandersetzung um die Vergangenheit neuen Stoff für die Bildung von begründeten und methodisch überlegten Hypothesen erhält.

Immanuelkirchstraße
Winsstraße
10-18
WEINBERG

Kapitel 9
Die ersten Berliner und wir

Zum Schluss sei noch die Frage gestellt, was wir, die heutigen Einwohner der deutschen Hauptstadt, denn eigentlich mit den mittelalterlichen Bürgern von Cölln und Berlin zu tun haben. Auf den ersten Blick gar nichts oder jedenfalls deutlich weniger, als es Bewohner anderer Städte mit »ihrem« Mittelalter haben. Wohl keiner der heute knapp vier Millionen Hauptstädter kommt auf die Idee, sich auf eine Abstammung aus der Bevölkerung der beiden kleinen urbanen Gebilde zu berufen, die im 12. Jahrhundert an einer Furt über die Spree entstanden. Aus unserer Stadt ist kein Patriziergeschlecht mehr berühmt, so wie in Nürnberg etwa die Tucher und Haller, in Köln die Overstolzen oder in Lübeck die Castorps. Nicht einmal an einzelne Menschen aus dem Mittelalter erinnert man sich heute noch. Nur wenige Straßennamen gedenken damals wichtiger Personen. Symeon, der erste namentlich bekannte Einwohner von Cölln und Berlin überhaupt, wird nur weit ab vom historischen Stadtkern, in Marienfelde, mit einer Adresse geehrt. Zentraler liegen die Wins- und die Rykestraße, die nach Thomas Wins und Bernhard Ryke benannt sind. Doch dass sie Bürgermeister waren und welche Rolle sie für die Stadt Mitte des 15. Jahrhunderts spielten, dürften die wenigsten Bewohner der Straßen in Prenzlauer Berg wissen, die in kaum erinnerungsförderlicher Weise nur nach den Nachnamen der beiden Herren benannt sind.

Die Winsstraße in Prenzlauer Berg ist nach dem Berliner Bürgermeister Thomas Wins (1385–1465) benannt. Mehr als die Straßenschilder erinnern nicht mehr an Bernhard Ryke und ihn.

Wins und Ryke waren an einem großen und für mittelalterliche Kommunen typischen Kampf um die Freiheit beteiligt, dem »Berliner Unwillen«. Auch wenn er nicht erfolgreich ausging, war er von einer Art und Heftigkeit, wie sie in anderen Städten heute noch im Gedenken präsent sind. Die beiden Bürgermeister bezahlten dafür sogar mit ihrer Absetzung beziehungsweise Verbannung. Sie hatten wie viele andere Berliner und Cöllner in den 1440er-Jahren versucht, Widerstand gegen die Fürstenherrschaft zu leisten, die die beiden frisch vereinigten Städte ihrer Autonomie zu berauben suchte. Kurfürst Friedrich II., der Eiserne genannt, errichtete damals nämlich das erste Residenzschloss in Cölln und zementierte damit buchstäblich seine Herrschaft vor Ort. Um das zu verhindern, schreckten die Bürger nicht einmal davor zurück, die Baustelle durch das Öffnen des Mühlgrabens unter Wasser zu setzen. Dieser Konflikt ist nur Historikern wohlvertraut, aber der breiten Bürgerschaft zumeist unbekannt. Eigentlich wären Aktionen wie die Flutung der Baustelle durchaus für ein Gedenken in Anekdoten geeignet und hätten auch bei den Diskussionen um die Wiedererrichtung des Berliner Schlosses (Humboldt Forum) eine Rolle spielen können. Sie sind jedoch im Gedächtnis der Einwohner nicht abrufbar.

Die nur wenige Jahre zuvor erfolgte Vereinigung der Städte Cölln und Berlin war nicht zuletzt zum Zwecke des Widerstands gegen den Fürsten geschehen. Innere Konflikte zwischen den Zünften und den Ratsfamilien waren damit freilich nicht beigelegt. Sie begünstigten, dass der Herrscher sich schließlich durchsetzen konnte und auch die Städte wieder trennte. Erst 1709 sollten sie endgültig zusammenkommen.

Bezeichnend ist ferner, dass die einzige noch existierende mittelalterliche Institution Berlins neben der Kirchengemeinde St. Marien-Friedrichswerder und dem Berliner Dom, beide freilich seit fast 500 Jahren evangelisch, gerade eine jenes »eisernen« Kurfürsten ist, der Berlin/Cölln zum Einlenken gezwungen hatte. Bei dieser aus dem Mittelalter stammenden Einrichtung handelt es sich um den Staats- und Domchor, der im Jahr 2015 auf eine 550-jährige Geschichte zurückblicken konnte (wenn auch mit manchen Brüchen). Es ist nämlich schriftlich überliefert, dass Friedrich II. im Jahr 1465 fünf junge Sänger an seiner Domkirche, das heißt: Schlosskirche, unterhielt.

Das einzige öffentlich im Stadtbild präsente authentische Mahnmal an ein Ereignis aus dem Mittelalter ist das steinerne Sühnekreuz, das heute vor der Marienkirche steht. Man kann mit Fug und Recht behaupten, dass das Wissen um seine Bedeutung genauso wenig im Bewusstsein des durchschnittlichen Berlinbewohners verankert ist wie der »Unwille«. Auch das Sühnekreuz erinnert an einen Aufstand der Berliner, der diesmal allerdings nicht gegen, sondern für ihren Landesherrn erfolgte: Jedenfalls soll das der Grund gewesen sein, weshalb sie um 1325 den Propst Nikolaus von Bernau erschlugen. Dieser Propst soll im Einvernehmen mit großen Teilen der lokalen

Die zweitälteste Kirche Berlins ist die Marienkirche am Neuen Markt

Geistlichkeit den neuen Markgrafen Brandenburgs, den Wittelsbacher Ludwig V., abgelehnt haben.

Sowohl in der Marienkirche wie auch in der als Museum dienenden Nikolaikirche sind einige der Betrachtung werte Kunst- und Erinnerungsschätze aus der vorreformatorischen Zeit Cöllns und Berlins versammelt. Doch nicht einmal das herausragende Kunstwerk unter diesen wenigen Schätzen aus dem Mittelalter, nämlich der »Totentanz« unten im Turm von St. Marien, wird von den Berlinern als Zeugnis ihrer mittelalterlichen Vergangenheit gekannt oder gar angemessen wertgeschätzt. Dabei ist der »Berliner Totentanz« eines von ganz wenigen in Deutschland erhaltenen Exemplaren und die Darstellungen von Menschen, die mit dem Tod das Tanzbein schwingen, repräsentiert wie kaum eine andere Kunstgattung die Frömmigkeit des ausgehenden Mittelalters und gibt darüber hinaus noch anschaulich einen Überblick über verschiedene Stände der Gesellschaft. Dass er durch die begleitenden Verse sogar einfacher zu verstehen ist als rein bildliche Kunstwerke, ändert nichts daran, dass er weitgehend unbekannt ist. Im Gegenteil: Die Sprache ist uns fremd, nicht nur durch den allgemeinen Wandel der letzten 500 Jahre, sondern weil sie ganz eindeutig plattdeutsch ist und somit recht fern von jener heute in der Stadt gesprochenen Variante des Ostmitteldeutschen, die wir das »Berlinische« nennen und die nur noch recht geringe Einflüsse aus dem Norden aufweist.

Die Unwissenheit in Bezug auf die mittelalterlichen Wurzeln der Stadt wird weiter dadurch begünstigt, dass auch ansonsten im modernen Stadtbild kaum etwas die Epoche in Erinnerung ruft. Nur ganze fünf bauliche Landmarken des Mittelalters sind im östlichen Stadtzentrum noch präsent. Dazu gehören die beiden erwähnten Kirchen St. Marien und Nikolai, wenn auch mit Kirchtürmen nachmittelalterlicher Bauweise, sowie die Ruine der Franziskanerklosterkirche, ein Stück der Berliner Stadtmauer in der Waisenstraße und die Kapelle des Heiliggeistspitals in der Spandauer Straße. Weil die Kapelle aber in das Gebäude der wirtschaftswissenschaftlichen Fakultät der Humboldt-Universität halb eingebaut ist und nur eingeschränkt besichtigt werden kann, wird sie trotz ihrer gelungenen denkmalgerechten Restaurierung in den 1990er-Jahren vom einheimischen und touristischen Publikum kaum wahrgenommen.

Von Cölln, der Stadt auf der Spreeinsel, ist seit der Sprengung der Petrikirche in den 1960er-Jahren nichts Mittelalterliches mehr erhalten. Immerhin soll an der Stelle der ältesten Pfarrkirche Cöllns zukünftig mit dem House of One wieder ein religiöses Gebäude seinen Turm in den Himmel erheben und an die uralte Geschichte dieses Ortes erinnern. Vor dem House of One wird aber weiter die vielspurige Verkehrsachse der Leipziger Straße verlaufen, die auch nach ihrer Neugestaltung wie keine andere Magistrale für die zerstörerische Missachtung des historischen Wegenetzes in der Stadtplanung der Nachkriegszeit steht. Teils überdeckt die breite Fahrbahn sogar noch die Grundmauern des mittelalterlichen Kirchbaus sowie den Kirchhof. Die Kirche St. Marien erhebt sich hingegen noch intakt, aber völlig allein unter dem Fernsehturm. Dass sich dort bis in die frühen 1940er-Jahre das Altstadtviertel um den Berliner Neuen Markt befand, kann man sich heute nicht mehr vorstellen. Daran trägt nicht nur die Kriegszerstörung Schuld, sondern auch, dass der gesamte Stadtraum hier im sozialistischen Sinne völlig neu geordnet wurde, wobei der Mittelteil, also der Platz zwischen Neptunbrunnen und Fernsehturm, programmatisch leer blieb, was durch die hoch aufragende Randbebauung noch betont wird.

Decke in der Kapelle des ehemaligen Heiliggeistspitals in der Spandauer Straße

Zwar gibt es mit dem Nikolaiviertel seit dem Stadtjubiläum von 1987 ein »historisches Viertel«. Jedoch bemüht sich diese Ansammlung von Plattenbauten nicht ernsthaft, eine mittelalterliche Altstadt zu verkörpern. Vielmehr zitiert sie lediglich deren einstige Struktur im Straßennetz und in baulichen Ornamenten. Selbst die wenigen scheinbar originalgetreu rekonstruierten alten Häuser auf der Südseite der Kirche sind ganz nach den Bedürfnissen der modernen Stadt gestaltet worden. Weder stehen sie genau auf den alten Grundstücksumrissen noch sind sie in ihren Dimensionen und in ihrer Materialität authentisch.

Der Neue Markt mit der Marienkirche. Gemälde von Johann Heinrich Hintze (1800–1862)

Die bauliche Beliebigkeit ging so weit, dass in der Breiten Straße, mithin in Cölln, noch in den 1960er-Jahren mit dem Ermelerhaus eines der wenigen verbliebenen substanziell authentischen frühneuzeitlichen Wohnhäuser entfernt wurde. Es wurde nicht vollständig, sondern unter Neuzusammensetzung einiger Teilstücke am Märkischen Ufer, also außerhalb der mittelalterlichen Stadtmauern, wieder aufgebaut und kündet seither von einem zweifelhaften, eines

Dr. Frankenstein würdigen Umgangs mit der Stadtgeschichte. So können heute nur das Nicolaihaus und das »Galgenhaus« in der Brüderstraße 13 und 10 mit ihren noch ins 17. Jahrhundert datierenden Grundmauern als die ältesten einigermaßen »echten« säkularen Gebäude der Stadt gelten. Eingerahmt sind sie von gleichförmigen Plattenbauten.

Es passt zur Geschichtsvergessenheit der Metropole, dass auch die nur wenige Meter langen mittelalterlichen Stadtmauerreste in der Waisenstraße eher zufällig wieder vorhanden sind, weil sie bei der Trümmerbeseitigung nach dem Zweiten Weltkrieg neu entdeckt wurden. Nicht weit davon befindet sich die Ruine der Franziskanerklosterkirche. Auch hier überdeckt heute die autobahnähnliche Grunerstraße einen Teil des ursprünglichen Gebäudekomplexes, nämlich den Kreuzgang und die angrenzenden Klausurgebäude des Klosters der Franziskaner. Nach der Auflösung des Klosters in der Zeit der Reformation (1539) arbeitete und experimentierte von etwa 1570 bis 1579 der berühmte Alchimist Leonhardt Thurneysser dort. Er war von Kurfürst Johann Georg als Leibarzt angestellt worden und besserte seine Einkünfte durch die Veröffentlichung von frühen Druckschriften auf, zu denen unter anderem auch astrologische Kalender und Pesttraktate gehörten. In Teilen des ehemaligen Klostergebäudes wurde im Jahr 1574 eine weltliche Bildungsanstalt, das Gymnasium Zum Grauen Kloster, gegründet. Die Tradition wird bis heute fortgeführt, aber die Schule dieses Namens hat ihren Standort inzwischen im Westen der Stadt.

Damit ist ein weiteres Element der Entfremdung angesprochen: Während der Jahrzehnte der Teilung verschwand die im Osten liegende Stadtmitte weitgehend aus dem Bewusstsein der westlichen Stadtgesellschaft. Ohnehin spaltete sich das Geschichtsbewusstsein in Berlin und viele Kulturinstitutionen wurden gedoppelt. Man denke nur an die beiden Staatsbibliotheken mit Beständen aus dem vormals preußischen Kulturbesitz. Nichts verdeutlichte diesen Zustand der zwei historischen Gedächtnisse in Ost und West öffentlich besser als die in Rivalität vollzogenen Feiern anlässlich des 750-jährigen Stadtjubiläums im Jahr 1987. Beide Stadthälften griffen übrigens, beruhend auf der ältesten erhaltenen Urkunde für die Geschichte Berlins, ein Datum auf, das nur 50 Jahre zuvor im nationalsozialistischen Berlin erstmals als Stadtjubiläum groß zelebriert worden war. Eine Rolle spielte dabei sicher auch, dass Groß-Berlin erst 1920 entstanden war und viele der eingemeindeten alten Städte wie Spandau oder Köpenick bis dahin ihre eigene Geschichte gepflegt hatten.

Unsere Erinnerungskultur an die mittelalterlichen Anfänge der Stadt ist also zutiefst von der jüngeren Vergangenheit geprägt – wie auch die Geschichtskultur Berlins insgesamt geradezu überbestimmt zu sein scheint vom 20. Jahrhundert, für dessen Tief- und Hochpunkte es steht wie keine andere Metropole in Europa. Wie könnte es aber auch anders sein? Von Berlin aus wurde der beispiellose Eroberungs-, Raub- und Vernichtungskrieg des nationalsozialistischen Deutschlands einschließlich des Mordes an den europäischen Juden geplant und dirigiert. Hier wurde 1961 eine hermetische Mauer durch eine vitale Weltstadt gezogen und fast drei Jahrzehnte lang von der DDR tödlich administriert. Der 20-jährige Chris Gueffroy war das letzte Opfer dieser unmenschlichen Einsperrung der eigenen Bevölkerung. Er wurde im Frühjahr 1989, wenige Monate vor der Grenzöffnung, von DDR-Grenzern bei seinem Fluchtversuch erschossen.

Das in den 1930er-Jahren von den Fackelaufmärschen der Nazis beleuchtete, dann von 1961 bis 1989 einsam im Todesstreifen stehende Brandenburger Tor, der Flughafen Tempelhof mit seiner monumentalen Architektur als Ausdruck des NS-Größenwahns wie

Das Nicolaihaus, Brüderstraße 13, ist ein altes Bürgerhaus und vereint zwei mittelalterliche Parzellen.

Luftbild von der Ruine der Franziskanerklosterkirche in der Klosterstraße in Berlin-Mitte

auch als späterer Ort der Luftbrücke, welche die Blockade der Sowjetunion gegen die Westsektoren konterkarierte, oder die Berlin mit Potsdam verbindende Glienicker Brücke, über die sich abgesehen von ausgetauschten Spionen nichts mehr bewegte, wurden zu weltweit bekannten ikonischen Orten. Auch das gigantische frühere Reichsluftfahrtministerium (heute Bundesministerium der Finanzen), ein Schauplatz des Volksaufstandes vom 17. Juni 1953, und selbst die Neue Reichskanzlei samt Hitlers unterirdischem Bunker geronnen, wiewohl letztere zwar völlig vom Erdboden getilgt, aber doch filmisch wiederbelebt ist, zu omnipräsenten Erinnerungsorten an das Berlin des 20. Jahrhunderts. Nach diesen Orten suchen die sechs Millionen Berlinbesucher jährlich, aber an ihnen orientieren sich auch Einheimische, wenn es um Geschichte geht.

Hinzukommen, aktuell befördert durch die international höchst erfolgreiche TV-Produktion »Babylon Berlin«, auch eher positive oder zumindest bittersüße Erinnerungen an das goldene Zeitalter des hedonistischen, gesellschaftlich scheinbar so freien und künstlerisch so avantgardistischen Berlin der 1920er- und frühen 1930er-Jahre. Diese werden etwa in den Unterhaltungsstätten Metropol am Nollendorfplatz und im räumlich verlagerten Friedrichstadtpalast kommerzialisiert wachgehalten. Nicht zuletzt ist die Stadt des Mauerfalls von 1989 auch ein strahlendes Symbol der Freiheit und demokratischen Hoffnung. Auch dafür steht wieder das Brandenburger Tor.

Außer von der langen Mitte des 20. Jahrhunderts ist die Stadt auch von barocken Stadterweiterungen und der Gründerzeit entscheidend geprägt worden. Aus der Errichtung des kurfürstlichen Schlosses ergab sich eine architektonische Umgewichtung des Stadtbildes, die in der Entwicklung des Forum Fridericianum mit dem Zeughaus, dem Kronprinzessinnenpalais, dem Prinz-Heinrich-Palais (Hauptgebäude der Humboldt-Universität), der Staatsoper, der »Kommode« (Jura-Fakultät der Humboldt-Universität) und der Neuen Wache mündete. Diese Bauten repräsentieren Preußen und den Glanz seines aufgeklärten Absolutismus, ebenso wie der Gendarmenmarkt, der mit der Französischen Kirche (später kam der Französische Dom dazu) für die Aufnahme der hugenottischen Glaubensflüchtlinge steht. Auch wenn Berlins Hauptstadtfunktion für Brandenburg bereits auf das 15. Jahrhundert zurückgeht, hat die mittelalterliche Stadt selbstverständlich nichts mit dem Preußentum zu tun. Denn Preußen lag damals nur an der Memel, nicht an der Spree. Von dort holte erst der brandenburgische Kurfürst Friedrich III. 1701 seinen neuen preußischen Königstitel in seine Residenz an der Spree.

Auch die maßgebliche Prägung des Images der Stadtbevölkerung – sowohl in der Fremdwahrnehmung wie auch im Selbstbild – vollzog sich erst ab dem 18. Jahrhundert. Die Pfiffigkeit und Frechheit, die man Berlinern wie Berlinerinnen gemeinhin nachsagt, werden sowohl auf das hugenottische Erbe wie auch auf das nachfolgende derb-proletarische Element zurückgeführt, welches die Stadt wenig später als vorindustrieller Manufakturort und dann als Fabrikmetropole des 19. und frühen 20. Jahrhunderts stark prägte. Die Bevölkerungszahl, um 1860 noch bei einer halben Million, explodierte innerhalb der fünf Jahrzehnte vor dem Ersten Weltkrieg geradezu. Das war – wenn man den Begriff weiter fasst als nur die wenigen Jahre nach der Reichsgründung 1871 – jene große »Gründerzeit«, also die Periode des exponentiellen urbanen Wachstums auf Grundlage des 1862 in Kraft getretenen Hobrechtschen Bebauungsplans. Innerhalb weniger Jahrzehnte entstanden damals die heute die Innenstadtbe-

Luftbild vom 1908 erbauten Märkischen Museum am Köllnischen Park

zirke prägenden Mietskasernen. Das im Jahr 1920 vereinigte Groß-Berlin war, wie gerne betont wird, die drittgrößte Stadt der Welt, mit etwa genauso vielen Einwohnern wie gegenwärtig.

Falls sich geschichtsbegeisterte Berliner und Besucher trotz des überreichen Geschichtsangebots der geschilderten Epochen auch ein wenig für das Mittelalter interessieren sollten, so können sie neben den mehrfach genannten Kirchen St. Nikolai oder St. Marien auch ins Märkische Museum gehen, das ebenfalls einige authentische Stücke aus dieser Epoche verwahrt. Im Märkischen Museum ist das schöne Portal des Hohen Hauses eingebaut, des Sitzes der Markgrafen von Brandenburg, bevor zur Mitte des 15. Jahrhunderts das Residenzschloss in Cölln erbaut wurde. Alle anderen mittelalterlichen Relikte in der Stadt muss man jedoch ganz gezielt suchen. So befindet sich, wie bereits erwähnt, im Untergrund des Hotels Capri in der Scharrenstraße mit dem gläsernen Fußboden im Foyer ein archäologisches Schaufenster, das den Blick auf freigelegte Keller von mittelalterlichen Bürgerhäusern am ehemaligen Cöllner Rathaus freigibt. Ein gleichartiges Sichtfenster war in dem 2020 eröffneten neuen U-Bahnhof Rotes Rathaus geplant, wo bei den Grabungen die Kaufhalle des mittelalterlichen Berliner Ratshauses entdeckt worden war. Leider ist dieses Sichtfenster bis heute nicht umgesetzt worden. Wer aber die Gerichtslaube des Berliner Rathauses aus dem 13. Jahrhundert sucht, die bis in die 1860er-Jahre dort stand, der wird gleich doppelt fündig: Zum einen in Potsdam, wo die Laube in wiederhergestellter mittelalterlich-gotischer Gestalt und mit Originalteilen, aber eigentümlicherweise freistehend, den Landschaftspark von Schloss Babelsberg ziert. Berlin hatte sie nämlich 1871 dem ersten Hohenzollern-Kaiser Wilhelm I. geschenkt. Zum anderen aber auch im Nikolaiviertel, wo seit 1987 eine Kopie des barocken Bauzustands der Berliner Gerichtslaube, wie er sich vor dem Abriss dargestellt hatte, als Gaststätte errichtet wurde.

War die Erinnerung an das Mittelalter in Berlin/Cölln schon immer so schwach? Keineswegs! Im 19. und beginnenden 20. Jahrhundert machte sich die Stadt ihre frühen Wurzeln stärker bewusst. So entwarf Ludwig Hoffmann im Jahr 1908 mit dem Märkischen Museum am südlichen Spreeufer das erste als Stadtmuseum konzipierte Gebäude mit einer Architektur, die in ihrer Neo-Backsteingotik ganz entschieden an das brandenburgische Mittelalter anknüpft. Auch die vor ihr stehende riesenhafte Rolandfigur zeugt von städtischem Geschichtsstolz, weist sie doch, wiewohl bloß eine Nachbildung des

frühen 20. Jahrhunderts, auf die einstige Zugehörigkeit zur Hanse hin, also zu jenem netzwerkartig verzweigten Städtebund des Spätmittelalters, der zeitweise mächtiger als viele Könige war. Im Jahr 1865 wurde der Verein für die Geschichte Berlins gegründet – wofür der Unmut über den geplanten Abriss des mittelalterlichen Berliner Rathauses eine wichtige Motivation war. Ein weiteres Beispiel für die damalige Präsenz des Mittelalters ist, dass sich Rixdorf, wie schon in Kapitel 3 erwähnt, im Jahr 1912 ausgerechnet in Neukölln umbenannte, um sein schlechtes, vergnügungslastiges Image, das etwa dem der Hamburger Reeperbahn vergleichbar war, loszuwerden. In diesem »Re-Branding« zeigt sich auch eine fragwürdige Tendenz, sich mithilfe der alten Stadtgeschichte der großstädtischen Moderne zu entziehen. Doch heute wird ohnehin den wenigsten Neuköllnern bewusst sein, dass der aktuelle Szenebezirk nach der in Berlin aufgegangenen zweiten Keimzelle Cölln heißt. Um die Verwirrung perfekt zu machen, hatte bereits in der Frühen Neuzeit schon einmal ein anderes Viertel der Stadt diesen Namen in einer nur leicht anderen Schreibweise (Neu-Cölln) getragen. Dabei handelt es sich um eine südlich von Cölln beziehungsweise des Spreekanals gelegene Landzunge, die durch die Anlage des Festungsgrabens entstanden war. Auf dem östlichen Ende entstand später das Märkische Museum, während im Westen der Friedrichswerder anschloss.

Trotz großer architektonischer Veränderungen seit dem 18. Jahrhundert im Kernbereich waren die mittelalterlich-frühneuzeitlichen Altstädte von Cölln und Berlin bis in den Zweiten Weltkrieg hinein in ihrer Struktur noch gut zu erkennen. Ihre ärmlichsten Viertel hatten jeweils an den Südenden gelegen. Hier, am allerdings schon in den 1930er-Jahren abgerissenen Krögel und auf der südlichen Spreeinsel, fand der Maler und Fotograf Heinrich Zille viele Motive für seine Milieubilder.

Lange hatten sich in der Stadt auch noch einige Reste des frühneuzeitlichen Festungsbaus erhalten, der ab der Mitte des 17. Jahrhunderts einen gezackten Kranz von Wällen und Gräben um die Stadt gelegt und dabei den mittelalterlichen Grundriss etwas erweitert hatte, vor allem im Westen mit der Bildung einer künstlichen Insel, des Friedrichswerder, an den sich südlich Neu-Cölln anschloss. Die letzten Stücke der Festungsgräben wurden erst Ende des 19. Jahrhunderts zugeschüttet. Noch heute ist der Verlauf dieser Anlagen im Norden und Osten gut an der gebogenen Linie der Stadtbahn zu

Wiederaufgebaute Berliner Gerichtslaube im Schlosspark zu Babelsberg

erkennen sowie an der eigentümlich trapezartigen Form des Hausvogteiplatzes und dem Knick in der Leipziger Straße am Spittelmarkt. Auch dieser Platz wurde durch die Verschwenkung der Gertraudenstraße und den Bau der neuen Gertraudenbrücke 1973 völlig verfremdet und ist als solcher nicht mehr vorhanden.

Heute kann also, wie schon am Anfang dieses Buches festgestellt, von einem Bewusstsein der Stadtentstehung im Mittelalter bei den Berlinern kaum noch die Rede sein. Kein Wunder, ist doch die gesamte Stadtgeschichte auch institutionell äußerst schwach aufgestellt. Es gibt – Stand 2023 – an keiner Berliner Universität mehr eine Professur für Stadt- oder Landesgeschichte und im Land Brandenburg widmet sich der entsprechende Lehrstuhl an der Universität Potsdam nur der Zeit nach der Reformation.

Zwar wirken in der Stadt durchaus Vereinigungen, die sich der regionalen Geschichtsforschung und der Erinnerungspflege verpflichtet haben und die dabei auch die mittelalterliche Landesgeschichte würdigen. Neben dem Verein für die Geschichte Berlins sind noch die Landesgeschichtliche Vereinigung für die Mark Brandenburg und die Historische Kommission zu Berlin zu nennen. Doch ist offenkundig, dass es ihnen kaum gelingt, ein breites Publikum mit einem Wissensangebot zum Mittelalter zu erreichen. Das gilt auch für die Vermittlung von Lokalgeschichte im Unterricht: Berliner Schüler sollen, so will es der Lehrplan, auch der mittelalterlichen Stadtgeschichte begegnen. Doch Gespräche mit jungen Berlinerinnen und Berlinern zeigen, dass diese Kontakte kaum nachhaltig sind. Es ist gar nicht selten, dass nicht einmal Geschichtsstudenten wissen, dass am Anfang Berlins zwei gleichrangige Orte standen. Oft wird gar noch geglaubt, Berlin sei von Albrecht dem Bären gegründet worden und beziehe auch seinen Namen von ihm.

Man kann über diesen Mangel an Geschichtswissen über die Ursprünge der eigenen Stadt viel und laut klagen. Allerdings darf man durchaus auch einmal fragen, ob und wenn ja, warum die mittelalterlichen Anfänge Berlins überhaupt wichtig sind. Der französische Mediävist Marc Bloch hat darauf hingewiesen, dass es eine krankhafte Besessenheit der Historiker sei, stets nach den ersten Anfängen eines Phänomens zu suchen und diesen dann eine besondere Bedeutung für dessen spätere Entwicklung zuzuweisen.

In der Tat wäre es ein großes Missverständnis von Geschichte, wenn man sie gleichsam nur als eine Entfaltung von Erbanlagen sähe, in der alle zukünftige Entwicklung bereits von vornherein angelegt ist. Wie offen die Stadtgeschichte war, hat zuletzt Jens Bisky in seinem Buch *Berlin – Biographie einer großen Stadt* 2018 gezeigt. An vielen Wendepunkten, etwa beim »Unwillen«, hätte es mit der Stadt auch ganz anders weitergehen können.

Wenn wir uns also mit den ersten Berlinern befassen, sollten wir uns durchaus fragen, warum sie heute wieder mehr Aufmerksamkeit verdienen. Bloße Mittelalter-Nostalgie kann als Grund nicht ausreichen. Sind andere Epochen, die zeitlich näher zur Gegenwart stehen, nicht sogar viel relevanter für uns? Sicher wäre es unangebracht, die ganz frühen und die nachfolgenden Berliner in der Bedeutung gegeneinander auszuspielen. Und es gibt tatsächlich gute Gründe, warum es gerade heute von Belang sein könnte, sich mit den Menschen am Anfang zu beschäftigen.

Einer lautet, dass jede Geschichte ohne ihren Anfang unvollständig ist und dass immer noch, sowohl im allgemeinen Bewusstsein als auch vom Forschungsstand her, beim Wissen über die Ursprünge unserer Stadt eine große Lücke klafft. Die ersten Berliner sind zugleich die heute am tiefsten Vergessenen und diejenigen, über die auch die Wissenschaft bisher am wenigsten zu sagen vermag. Lange musste man das so hinnehmen. Doch bietet uns, wie in Kapitel 8 dargelegt, unsere Zeit mit den großflächigen archäologischen Grabungen der Nachwendezeit und mit neuartigen naturwissenschaftlichen Methoden ungeahnte Zugänge und Informationen zur Vergangenheit und damit eine große Chance, mehr über die mittelalterlichen Anfänge der Stadt zu erfahren. Daraus ergibt sich auch die Gelegenheit und die Verpflichtung, frisch von der Forschung geschaffene Erkenntnisse zu gewichten, kritisch zu durchdenken und zu vermitteln, was besonders anregend und für die geschichtliche Kompetenzbildung etwa von Schülern und Studenten sehr wertvoll ist.

Damit verbindet sich ein zweiter Aspekt: Die neuen Möglichkeiten erlauben uns einen neuen, besonderen Blick auf die Anfänge. Während sich Textquellen oft auf die wenigen Mächtigen und auf politische und kirchliche Handlungen fokussieren und diese stark interessensgeleitet darstellen, ist dies bei den archäologischen Funden ganz anders. Sie sind willkürliche Ausschnitte des Alltagslebens und ihre Erhaltung oder ihre Auffindung ist dem Zufall geschuldet. Es kann zum Beispiel bei Körperfunden von Gräberfeldern oder Kirch- und Friedhöfen auf die Gesamtheit der damals lebenden Bevölkerung geschlossen werden. Dies ist weder in dem Sinne zu verstehen, dass alle damals lebenden Menschen von den Archäologen erfasst werden noch dass die sogenannte Sterbebevölkerung ein exaktes Abbild der damals lebenden Gesellschaft wäre. Doch schafft die Referenzbreite an Menschen, die wir in diesen Grabstätten vor uns haben, eine neue Informationsqualität. Dies wird sofort deutlich, wenn wir uns die große Zahl von Frauen und Kindern unter diesen Toten vergegenwärtigen. Sie kommen in mittelalterlichen Schriften kaum je vor. Das Gleiche gilt für die niederen sozialen Gruppen, eigentlich für alle Schichten unterhalb der Eliten. Es gilt aber auch ganz generell: Wir können auf die ersten Berliner heute mit einem strukturellen, nicht ereigniszentrierten Blick schauen und ihre Lebensbedingungen kultureller oder natürlicher Art analysieren. So lassen sich zum Beispiel durch abgenutzte oder verfaulte Zähne, durch zerschlagene Knochen und verheilte Wunden viele Daten über den allgemeinen Gesundheitszustand der damals lebenden Bevölkerung ermitteln. Darüber hinaus können mittels genetischer Untersuchungen Erkenntnisse über Krankheitserreger und Verwandtschaftsstrukturen gewonnen werden, die zu wertvollen und eindrücklichen neuen historischen Einsichten in frühere Lebensweisen führen wie sie Chroniken und Urkunden nur selten zu entnehmen sind. Im Falle von Berlin und Cölln sind derartige Untersuchungen sogar die einzigen Zugänge für die Frühzeit der Orte, weil es gar keine schriftlichen Quellen vor 1238 gibt. Umso mehr gilt es, sie zu nutzen.

Ein dritter Grund, warum gerade die städtischen Anfänge besonders interessant für heutige Berliner sein dürften, liegt in der spezifischen Situation der Gründungszeit. Cölln und Berlin entstanden in einer Phase der enormen kulturellen, politischen, sozialen und wirtschaftlichen Transformation. Beide Ortsgründungen trugen auch selbst dazu bei, dass aus einem elbslawisch geprägten Raum innerhalb von weniger als 200 Jahren die deutschsprachige Mark Brandenburg als Teil des spätmittelalterlichen Reiches erwuchs. Wichtigster Treiber dieser Transformation war eine große Migration. Sie brachte Siedler aus verschiedenen Kulturlandschaften, mit unterschiedlichen deutschen Dialekten oder gar anderen Sprachen sowie mit anderen Hintergründen bezüglich Religion oder Brauchtum zu den Einheimischen. Wir wissen noch nicht genau, wie der Prozess des Zusammentreffens im Einzelnen ablief, ob es ein konfliktgeladener Vorgang war oder ob die Neusiedlung eher in Koexistenz erfolgte. Hier wird die Forschung in den nächsten Jahren hoffentlich viel mehr Anhaltspunkte als bisher ermitteln können.

Ganz klar ist jedoch schon heute: Man teilte – irgendwie – das Leben in den beiden neuen Städten. Damit war in den Anfängen bereits vieles von der Situation vorgebildet, die Berlin in der Moderne und in der Gegenwart besonders prägt: das stetige Zuströmen und das Zusammenleben von Menschen mit hoher kultureller Vielfalt. Wenn man bedenkt, dass die Selbstverortung von modernen Großstädtern natürlich nicht über eine Ableitung aus der Abstammung am Orte funktioniert – schließlich wurde die Mehrheit der heutigen Einwohner nicht in Berlin geboren, und eine große Zahl hat ihre persönlichen oder familiären Wurzeln sogar im Ausland –, dann bieten sich hier vielfältige intellektuelle Anknüpfungsmöglichkeiten für eine durch den Blick in die eigene Stadtgeschichte vermittelte Reflexion über Fremdsein und Ankommen.

Ein vierter Grund besteht darin, althergebrachte, aber fragwürdig gewordene Erzählungsrahmen zur Entstehungsgeschichte von Berlin/Cölln zu prüfen: Etwa den Mythos über eine »Ostkolonisation«, bei der kulturell überlegene, agile »Deutsche« auf eine passiv-primitive slawische Bevölkerung trafen, oder das Narrativ von einer radikalen Verdrängung der einheimischen Slawen durch eine kriegerisch vollzogene Landnahme und auch jene Vorstellung, dass Ortsgründungen stets fürstlich oder kirchlich gesteuerte Vorgänge waren, die zudem in Antagonismus zu den lokal schon vorhandenen Mächten ablaufen mussten.

Mit anderen Worten: Zur mittelalterlichen Entstehungsgeschichte von Berlin und Cölln gibt es heute so viele neue Erkenntnisse, Fragen und gedankliche Anregungen, dass es wieder ein wirklich interessantes Unterfangen ist, sich mit ihr zu befassen. Wenn dieses Buch dafür Verständnis weckt und einen Einstieg bietet, erfüllt es seinen Zweck.

Folgende Doppelseite: Luftbild von den Ausgrabungen am Petriplatz 2008

Chronik

Eine Chronik zur Geschichte Berlins kann nur lückenhaft sein, weil viele Ereignisse vom Ende der slawischen Besiedlung in unserer Gegend und bei der Anlage der Siedlungen Berlin und Cölln nicht verschriftlicht worden sind. Durch archäologische Grabungen kam in den letzten Jahren mittels naturwissenschaftlicher Untersuchungen an Funden neues Licht in das historische Dunkel, sodass sich inzwischen ein klareres Bild von den Anfängen unserer Stadt abzeichnet.

Zweitältestes Stadtsiegel von Berlin, 1280

Vorstoß der sächsischen Herrscher des Ostfrankenreiches über die Elbe, Einnahme der elbslawischen Festung Brandenburg	928/29
Erfolgreicher Aufstand vereinigter slawischer Stämme (Lutizenbund); Ende der dauerhaften sächsischen Oberherrschaft östlich der Elbe	ca. 983
Der Wendenkreuzzug umgeht die Berliner Region nördlich	1147
Brakteaten (Hohlpfennige) kommen als Zahlungsmittel auf, auch bei den slawischen Fürsten Pribislaw/Heinrich von Brandenburg und Jacza von Köpenick	Mitte 12. Jh.
Neu definierter Siedlungsbeginn von Cölln und Berlin anhand von Radiokarbondatierungen der ältesten Gräber an der Petrikirche und der Nikolaikirche; die Ursprungsbauten der Nikolaikirche und der St. Petri-Kirche entstehen, ebenso die Märkte Krögel (Berlin) und Cöllnischer Fischmarkt	
Albrecht I. der Bär, von Pribislaw/Heinrich als Erbe eingesetzt, übernimmt endgültig die Festung Brandenburg von Jacza; nennt sich selbst »Markgraf in Brandenburg«; Jacza bleibt jedoch Herrscher von Köpenick	1157
Der Erzbischof von Magdeburg, die Herzöge von Pommern und die Markgrafen von Meißen greifen in den (Groß-)Berliner Raum aus	2. Hälfte 12. Jh.

um 1200 Anlage des Dorfes Düppel am Machnower Fenn (heute Museumsdorf Düppel)

1190–1200 **Bisherige Datierung des Siedlungsbeginns** von Cölln und Berlin nach der Forschung

1220–1230 Vermuteter Siedlungsbeginn in Zehlendorf

um 1230 Errichtung der Nikolaikirche als steinerne Basilika;
vermutlicher Zeitpunkt der Verleihung der Stadtrechte an Cölln und Berlin

1237 Erste überlieferte schriftliche Erwähnung von Cölln in einer Urkunde vom 28.10.1237, die 1238 ausgestellt wurde; darin wird auch der Pfarrer der Cöllner Petrikirche genannt, Symeon. Er ist somit der erste namentlich bekannte Berliner/Cöllner.

1244 Erste Nennung Berlins in einer Urkunde

1247 Erste schriftliche Überlieferung des Berliner Schulzen Marsilius

1250–1300 Entstehung des ersten Berliner Rathauses (nach den archäologischen Grabungen)

um 1260 Beginn der Bestattungstätigkeit auf dem Areal des Dominikanerklosters in Cölln

um 1270 Bau der Marienkirche

1271 Die Markgrafen von Brandenburg überlassen dem Bettelorden der Franziskaner ein Grundstück in Berlin zur Errichtung eines Klosters.

1280 Urkundliche Ersterwähnung einer Markgräflichen Münzstätte in Berlin

1288 Anlage des Hamburger Schuldbuches

1307 Vereinigung der Räte von Berlin und Cölln

Die Stadtbefestigung Berlins aus Holzpalisaden wird durch eine Steinmauer ersetzt; vermutlich wird zu dieser Zeit auch die Cöllner Stadtmauer (aus-)gebaut.	um 1309
Auflösung des gemeinsamen Rats von Berlin und Cölln	1311
Gemeinsames Rathaus von Berlin und Cölln auf der Langen Brücke	Mitte 14. Jh.
Großer Stadtbrand in Cölln; die Berliner Nikolaikirche brennt	1376
Großer Stadtbrand in Berlin, die Marienkirche wird zerstört	1380
Entstehung des Berliner Stadtbuchs, welches die herrschenden Rechte, Regeln, Gebräuche und Privilegien wiedergibt	um 1394
Vereinigung der Räte von Berlin und Cölln	1432
Errichtung des Stadtschlosses der Hohenzollern-Markgrafen auf Cöllnischem Gebiet	ab 1440
Auflösung des gemeinsamen Rates von Berlin und Cölln	1442
Entstehung des Cöllnischen Stadtbuches, zusammengetragen von dem Notar Nicolai Molner und einem Unbekannten	1443
Entstehung des Totentanz-Wandgemäldes in der Turmhalle der Marienkirche	Ende 15. Jh.
Ältester überlieferter Stadtplan Berlins von Johann Gregor Memhardt	1652
Vereinigung von Berlin, Cölln, Friedrichswerder, Dorotheenstadt und Friedrichstadt zur Residenzstadt Berlin	1709
Erbauung des Roten Rathauses	1861–1871
Abriss des mittelalterlichen Berliner Rathauses	1865–1871

1880	Systematische Suche nach ersten Hohenzollerngrablegen im Bereich des ehemaligen Dominikanerklosters unter Leitung von Ernst Friedel, Gründer und erster Direktor des Märkischen Museums, damals mit Sitz im ehemaligen Cöllnischen Rathaus an der Ecke Gertraudenstraße/Breite Straße
1899–1904	Bau des Märkischen Museums nach Plänen von Stadtbaurat Ludwig Hoffmann als erstes Stadtmuseum der Welt
1940	Ausgrabungen im Inneren der Nikolaikirche durch Stadtbaurat Walter Peschke
1956–1958	Ausgrabungen im Inneren der Nikolaikirche durch Erwin Reinbacher
1964/65	Abriss der kriegsbeschädigten Petrikirche in Cölln
1967	Kleinräumige Ausgrabungen an der ehemaligen Petrikirche
1995	Beginn neuer Ausgrabungen im Bereich des ehemaligen Stadtschlosses und der Dominikanerklosterkirche
1995–1997	Ausgrabungen am ehemaligen Heiliggeistspital in der Spandauer Straße
1996	Ausgrabungen in der Breiten Straße 21–29, Haus der Deutschen Wirtschaft
2007–2010	Ausgrabungen am Petriplatz
2008–2015	Ausgrabungen am Schloßplatz während des Abrisses des Palastes der Republik im Vorfeld der Errichtung des Humboldt-Forums
2009	Ausgrabungen am Roten Rathaus legen Reste des Berliner Rathauses am Neuen Markt frei
2019	Beginn der Ausgrabungen am Molkenmarkt

Literaturhinweise

Die folgende Liste stellt eine kleine Auswahl unter den Texten dar, auf die wir uns beim Verfassen des vorliegenden Buches gestützt bzw. mit denen wir uns kritisch auseinandergesetzt haben. Auf Fußnoten oder andere Einzelnachweise wurde im Sinne der Lesbarkeit verzichtet.

Jens Bisky: Berlin. Biographie einer großen Stadt, Berlin 2019

Elsbeth Bösl und Jörg Feuchter: Genetic History – eine Herausforderung für die Geschichtswissenschaften, in: Neue Politische Literatur 64 (2019) S. 237–268

Jörn Roland Christophersen: Krisen, Chancen und Bedrohungen: Studien zur Geschichte der Juden in der Mark Brandenburg während des späteren Mittelalters (13. bis Anfang des 16. Jahrhunderts), Wiesbaden 2021

Ines Garlisch: Die ersten Cöllner und Berliner. Methoden und Herausforderungen interdisziplinären Arbeitens, Berlin 2020

Geschichte der Familie (Bd. 2 Mittelalter) mit einem Vorwort von Georges Duby, herausgegeben von André Burguière, Christiane Klapisch-Zuber, Martine Segalen, Françoise Zonabend, Frankfurt/New York, Paris 1997

Gründungsstadt Berlin: die Anfänge von Berlin-Cölln als Forschungsproblem, herausgegeben von Wolfgang Hermann Fritze und Winfried Schich, Potsdam 2000

Haushalt und Familie in Mittelalter und früher Neuzeit, herausgegeben von Trude Ehlert, Wiesbaden 1997

Eberhard Isenmann: Die deutsche Stadt im Mittelalter 1150–1500, 2., durchgesehene Auflage Köln/Weimar/Wien 2014

Kind und Gesellschaft in Mittelalter und Renaissance. Beiträge und Texte zur Geschichte der Kindheit, herausgegeben von Klaus Arnold, Paderborn 1980

Agathe Lasch, »Berlinisch« – Eine berlinische Sprachgeschichte, Berlin 1926

Michael Lindner: Jacza von Köpenick. Ein Slawenfürst des 12. Jahrhunderts zwischen dem Reich und Polen – Geschichten aus einer Zeit, in der es Berlin noch nicht gab, Berlin 2012

Christian Lübke: Das östliche Europa (Die Deutschen und das europäische Mittelalter, Band 2), München 2004

Christina Meckelnborg: Tractatus de urbe Brandenburg. Das älteste Zeugnis brandenburgischer Geschichtsschreibung. Textanalyse und Edition, Berlin 2015

Petriplatz in Berlin-Mitte. Archäologisch-historische Studien, herausgegeben von Claudia Maria Melisch, 1. Auflage Berlin 2022

Regesten der Urkunden zur Geschichte von Berlin/Cölln im Mittelalter (1237 bis 1499). Mit Nachträgen für die Zeit von 1500 bis 1815, bearbeitet von Gaby Huch und Wolfgang Ribbe, Berlin 2008

Wolfgang Ribbe: Geschichte Berlins, Band 1: Von der Frühgeschichte bis zur Industrialisierung, 3., erweiterte und aktualisierte Auflage Berlin 2002

Jessica Rothe et al.: Genetic research at a fivefold childrens burial from medieval Berlin, Forensic Science International: Genetics 15, 2015, 90–97

Ernst Schubert: Alltag im Mittelalter: natürliches Lebensumfeld und menschliches Miteinander, Darmstadt 2022

Christiane Schuchard: Keine Gründungsurkunde. Symeon plebanus de Colonia als Zeuge – Die erste urkundliche Erwähnung von Cölln an der Spree 1237/38. In: Hans J. Reichhardt (Hrsg.): Berlin in Geschichte und Gegenwart, 1987, 7–36

Heinz Seyer: Berlin im Mittelalter. Die Entstehung der mittelalterlichen Stadt, Berlin 1987

Sozialer Wandel im Mittelalter. Wahrnehmungsformen, Erklärungsmuster, Regelungsmechanismen, herausgegeben von Jürgen Miethke und Klaus Schreiner, Sigmaringen 1994

Wie die Mark entstand. 850 Jahre Mark Brandenburg, herausgegeben von Thomas Kersting, Joachim Müller, Klaus Neitmann und Franz Schopper, Wünsdorf 2009

Mariana Zecchini et al.: Diachronic changes in diet in medieval Berlin: Comparison of dietary isotopes from pre- and post Black Death adults, Journal of Archaeological Science: Reports 38, 2021

Abbildungsnachweis

akg-images: 73, 74, 78 (Quagga Media UG), 122, 127, 144 (Hervé Champollion), 183 (Alexander Schippel), 184, 186 u. 189 (Günter Schneider)

Archiv des Verlages: 93

Brandenburgisches Amt für Denkmalpflege und Archäologisches Landesmuseum: 30 (Detlef Sommer)

Ev. Kirchengemeinde St. Marien-Friedrichswerder: 125 (Jens Wiese)

Freepik/rawpixel: 6 Hintergrund

gemeinfrei: 6, 52, 68, 106–109, 111, 157

Grün, Sandra: 12, 13, 20, 23

iStock: 48

Landesdenkmalamt Berlin: 87 (Wolfgang Bittner), 169 (unten; Jens Henker)

Melisch, Claudia M.: 2, 10, 11, 34–36, 50, 56, 60, 70, 80, 82, 84, 86, 88, 94, 101, 119, 120, 131, 135, 140, 149, 152, 153, 155 (links), 161, 163, 164, 166–169, 178, 196, 197

Münzkabinett der Staatlichen Museen zu Berlin: 40 u. 41 (Lutz Jürgen Lübke (Lübke & Wiedemann)), 43 (Christian Stoess), 45 (Reinhard Saczewski)

Palm, Dirk: 91

Palm, Peter: 58

picture alliance: 9 (dpa/Wolfgang Kumm), 29 (imageBROKER | Holger Weitzel), 62 (imageBROKER | Joko), 67 (Bildagentur-online/Schoening), 76 (dpa), 96 (ZB/Repro), 112 (dpa/Maurizio Gambarini), 139 (dpa-Zentralbild/Stephan Schulz), 171 (Geisler-Fotopress/Thomas Bartilla (Geisler-Fotopress)),

181 (Schoening), 187 (dpa-Zentralbild/Stephan Schulz), 190 (Karl-Heinz Spremberg)
Porsch, M.: 143, 155 (rechts)
Staatliche Museen zu Berlin, Museum für Vor- und Frühgeschichte: 31 (Claudia Klein), 32 (Hans-Dietrich Beyer)
Stadtmuseum Berlin: 104, 133 u. 198 (Reproduktion: Oliver Ziebe, Berlin), 150 (Reproduktion: Carlheinz Hatebur, Berlin), 115 u. 117 (Reproduktion: Michael Setzpfandt, Berlin)
Wikimedia: 27 (A.Savin), 103 (J.-H. Janßen)
Zimmermann, Christoph: 18, 154

Über die Autoren

Claudia Maria Melisch, geb. 1968, studierte Klassische Archäologie und Ältere Deutsche Sprache und Literatur an der Humboldt-Universität zu Berlin. Sie leitete zahlreiche archäologische Grabungen in der historischen Mitte Berlins. Daneben war sie in internationale Forschungsprojekte, u. a. in Pompeji, eingebunden.

Dr. Ines Garlisch, geb. 1966, studierte Geschichte und Germanistik an der Johann-Wolfgang-Goethe-Universität Frankfurt/Main und an der Freien Universität Berlin. Sie war Wissenschaftliche Mitarbeiterin am Lehrstuhl für Mittelalterliche Geschichte und Landesgeschichte an der Humboldt-Universität zu Berlin.

Dr. Jörg Feuchter, geb. 1967, studierte Geschichte und Germanistik an der Freien Universität Berlin. Er ist Mitarbeiter der Berlin-Brandenburgischen Akademie der Wissenschaften und unterrichtet Mittelalterliche Geschichte am Institut für Geschichtswissenschaften der Humboldt-Universität zu Berlin.

Abbildung Seite 2:
Living-History-Darstellerin der Berliner Gruppe »Brandenburgunder« in mittelalterlicher Kleidung.

Abbildungsnachweis Schutzumschlag:
Umschlagvorderseite: Sachsenspiegel (gemeinfrei)
Umschlagrückseite:
Ausgrabung am Petriplatz u. Schlüssel: Claudia Maria Melisch
Slawischer Topf: Landesdenkmalamt Berlin (Jens Henker)
Vordere Klappe: Claudia Maria Melisch

FSC
www.fsc.org
MIX
Papier aus verantwortungsvollen Quellen
FSC® C014138

Bibliografische Information der Deutschen Nationalbibliothek
Die Deutsche Nationalbibliothek verzeichnet diese Publikation in der Deutschen Nationalbibliografie; detaillierte bibliografische Daten sind im Internet über http://dnb.d-nb.de abrufbar.

Asternplatz 3, 12203 Berlin
post@bebraberlag.de
2., durchgesehene und aktualisierte Auflage
Lektorat: Marijke Leege-Topp, Berlin
Umschlag: Goscha Nowak, Berlin
Satz: typegerecht berlin
Schriften: Iowan Old Style, Bernina Sans
Druck und Bindung: Finidr, Český Těšín
ISBN 978-3-8148-0275-6

www.bebraverlag.de

Fundstücke aus der Anfangszeit Berlins

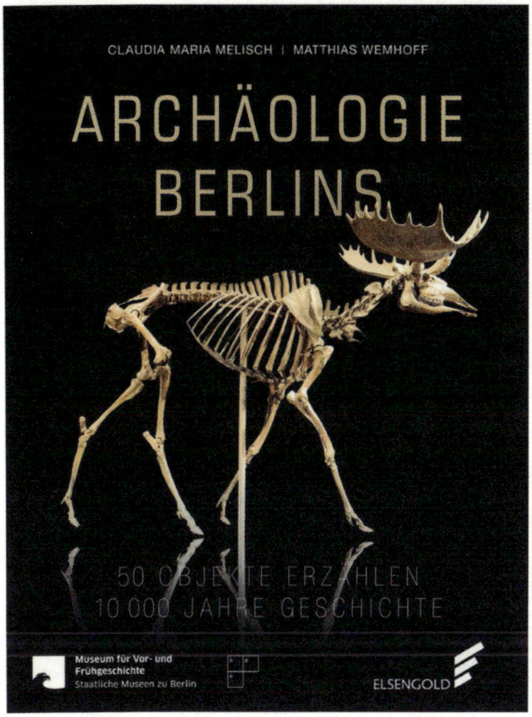

Claudia Maria Melisch
Matthias Wemhoff

Archäologie Berlins
50 Objekte erzählen
10 000 Jahre Geschichte

24,95 € [D]
160 Seiten, 21 × 28 cm, geb.
ISBN 978-3-944594-37-8

Die 50 vorgestellten Objekte aus den Beständen des Berliner Museums für Vor- und Frühgeschichte spannen einen Bogen von der Steinzeit bis zur Zeit des Zweiten Weltkrieges. Berühmte Funde wie der »Elch vom Hansaplatz«, der vor etwa 11 000 Jahren am Spreeufer verendete, bis hin zu Relikten des 20. Jahrhunderts werden von der Archäologin Claudia Maria Melisch und dem Museumsdirektor und Berliner Landesarchäologen Matthias Wemhoff beschrieben. Tauchen Sie ein in eine Stadtgeschichte der besonderen Art!

Eine kompakte Geschichte Berlins

Christian Adam

Berlin
Eine kleine Geschichte

20,– € [D]
144 Seiten, 13 x 19,5 cm, geb.
ISBN 978-3-8148-0266-4

Christian Adam erzählt in diesem Buch die Geschichte der Spreemetropole von den Anfängen im Mittelalter bis zum Beginn des 21. Jahrhunderts – anschaulich, kompakt und ergänzt um zahlreiche Abbildungen.

»Eine kleine Geschichtsreise, die angenehm entkrampft und ohne quälende Datenflut den Leser einfängt. Der Autor informiert fundiert über das, was in Berlin geschah, dokumentiert durch historische wie aktuelle Bilder aus der Stadtgeschichte. Fazit: Gut zu lesen, man ist gut informiert und folglich auf eine Berliner Stadtreise gut vorbereitet.«

Westfälische Nachrichten